Histórias para encantar e desenvolver valores

Dados Internacionais de Catalogação na Publicação (CIP)
(Câmara Brasileira do Livro, SP, Brasil)

Silva, Solimar
   Histórias para encantar e desenvolver valores / Solimar Silva – Petrópolis, RJ : Vozes, 2015.

   ISBN 978-85-326-5017-7

   1. Desenvolvimento moral 2. Educação moral 3. Valores (Ética) I. Título.

15-03149   CDD-370.114

Índices para catálogo sistemático:
1. Educação em valores éticos   370.114

SOLIMAR SILVA

Histórias para encantar e desenvolver valores

EDITORA VOZES
Petrópolis

© 2015, Editora Vozes Ltda.
Rua Frei Luís, 100
25689-900 Petrópolis, RJ
www.vozes.com.br
Brasil

Todos os direitos reservados. Nenhuma parte desta obra poderá ser reproduzida ou transmitida por qualquer forma e/ou quaisquer meios (eletrônico ou mecânico, incluindo fotocópia e gravação) ou arquivada em qualquer sistema ou banco de dados sem permissão escrita da editora.

Diretor editorial
Frei Antônio Moser

Editores
Aline dos Santos Carneiro
José Maria da Silva
Lídio Peretti
Marilac Loraine Oleniki

Secretário executivo
João Batista Kreuch

Editoração: Gleisse Dias dos Reis Chies
Diagramação: Sheilandre Desenv. Gráfico
Capa: Redz – Estúdio de Design

ISBN 978-85-326-5017-7

Editado conforme o novo acordo ortográfico.

Este livro foi composto e impresso pela Editora Vozes Ltda.

*Ao meu marido Marcos
e meu filho Lucas.
Eles fazem minha história mais feliz.*

Agradeço
a todos os contadores de história,
àqueles que me ensinaram,
cativaram, envolveram
com suas narrativas, suas vozes.
A meu marido e meu filho,
que me ajudam a escrever histórias
todos os dias.
Aos meus pais e irmãos,
marca indelével de minha própria história.
Às minhas amigas, as de histórias
mais antigas, ou àquelas que começaram
a fazer parte das minhas histórias
recentemente.
Aos meus colegas de trabalho,
na universidade e na escola.
Admiro-os e aprendo com eles novas
histórias!
A Lídio Peretti, por tornar possível
a materialização destas histórias neste livro.
Aos meus alunos, que me fazem perceber
o poder de uma história
para dar forças, para ensinar, tocar vidas e
para elevar almas e dar mais encantamento
à sala de aula!

Sumário

Apresentação 9

I – Amizade e solidariedade 15

II – Criatividade e liderança 43

III – Domínio pessoal e poder das palavras 53

IV – Escolhas e responsabilidades 77

V – Inclusão e respeito às diferenças 103

VI – Perseverança e resiliência 119

VII – Professores e pais 155

Índice 175

Apresentação

A contação de histórias na educação infantil é algo bastante incentivado para promover a leitura e favorecer o ensino-aprendizagem de assuntos diversos, especialmente àqueles relacionados ao desenvolvimento das diferentes virtudes. Parece que depois a contação de histórias é deixada um pouco de lado, raríssimas vezes sendo incentivada e trabalhada com adolescentes, jovens e adultos. Que desperdício de oportunidade de encantarmos nossas salas de aula!

Grandes mestres lançaram mão da contação de histórias – seja através de fábulas, lendas ou parábolas – para que seus ensinamentos fossem mais eficazmente realizados. Assim, vemos em textos religiosos como a Bíblia. O grande mestre dos mestres, Jesus Cristo, sempre ensinava por meio de histórias, as parábolas, que ajudavam a seus ouvintes entenderem melhor os princípios ensinados. As parábolas bíblicas sempre me ajudaram na compreensão da Palavra de maneira simples.

Sherazade se livrou da morte prematura, que aconteceria logo após a sua noite de núpcias, e ainda conseguiu encantar seu marido com sua habilidade como contadora de histórias – e ainda fez com que ele realmente se apaixonasse por ela!

As histórias mitológicas greco-romanas, as lendas indígenas ou árabes, só para citar algumas, são construídas de histórias encantadoras que buscavam dar respostas a fenômenos que eram desconhecidos daquela época ou daquele povo.

Mais recentemente, até mesmo as empresas estão descobrindo o poder de encantar seus clientes através de peças publicitárias que usam o conceito de *Storytelling*. Aliás, até mesmo a educação, principalmente a corporativa, tem lançado mão desse recurso para o ensino-aprendizagem mais efetivo.

Nós, professores, ensinamos muito mais do que o conteúdo de nossas disciplinas, seja ela qual for. No dia a dia, conversamos, orientamos, motivamos, incentivamos, ensinamos valores por preceito e por exemplo. Nosso objetivo geral é a formação do cidadão, do indivíduo e de seu caráter. Isso requer um esforço conjunto e pequeninas ações diárias de forma consistente.

Eu, particularmente, sempre gostei de histórias. Quando criança, visitava diariamente a biblioteca da minha escola à procura de histórias infantis. Lia um livro após o outro incansavelmente. Só mais tarde descobri que os contos de fadas e outras histórias infantis também me ajudavam a lidar com valores e sentimentos diversos. Mas eles estavam lá, nas páginas lidas, nos conflitos dos personagens, na trama das histórias.

Depois, tive a oportunidade de ter contato com vários contadores de histórias – em eventos, treinamentos, aulas, feiras, cursos ou simples bate-papos informais. Momentos inesquecíveis. E eu mesma passei a contar histórias nos discursos e aulas de modo bastante esporádico.

Entretanto, o poder das histórias pareceu-me mais contundente quando comecei a incorporar uma história por aula nas minhas turmas do nível superior – quase como parte do programa da disciplina. Foi então que percebi como aqueles alunos adultos ansiavam pelo momento em que ouviriam uma narrativa. Era como se fosse um presente ao fim do dia para cada um deles. Um presente valioso para mim.

No final do semestre eu sempre recebia vários bilhetes com depoimentos dos alunos, contando o quanto as histórias haviam sido importantes para eles, tocando seus corações, fortalecendo o ânimo, incentivando-os a continuar em frente apesar do cansaço. As histórias haviam tornado minhas aulas um espaço mais encantado, por assim dizer.

Comecei a pensar mais seriamente em compilar aquelas histórias, espalhadas por aí, a fim de tocar mais corações e inspirar meus alunos, sem precisar de sermões nem discursos longos. São histórias anônimas. Aliás, tomei o cuidado de selecionar as histórias que circulam livremente como "anônimas". No entanto, caso alguma história aqui tenha autoria conhecida, gostaria de saber para dar o devido crédito ao autor.

As histórias aqui apresentadas podem ser lidas a qualquer momento em qualquer sala de aula, ainda que não se tenha algum conflito ou objetivo em mente além da contação da história por si só. Contudo, para facilitar a escolha das histórias, elas foram agrupadas em sete temáticas principais, as quais são apresentadas no livro em ordem alfabética, como segue:

- Amizade e solidariedade
- Criatividade e liderança
- Domínio pessoal e poder das palavras
- Escolhas e responsabilidades
- Inclusão e respeito às diferenças
- Perseverança e resiliência
- Professores e pais

Obviamente que uma história pode se enquadrar em mais de uma temática ou dar conta de levar à reflexão de assuntos mais abrangentes que as temáticas assim apresentadas. Por isso, para cada um dos tópicos, faço uma breve apresentação dos possíveis valores que as histórias apresentam dentro daquela temática e em que momentos podemos utilizar essas histórias em nossas salas de aula.

Como já mencionei anteriormente, uma mesma história pode servir para fins diversos, de acordo com o público para quem a contamos. Contudo, ao reunir em categorias principais, busquei facilitar a busca por uma história ideal para determinado assunto que estejamos trabalhando com a turma, ou para atingir algum objetivo específico.

Pode-se apenas ler as histórias ou memorizá-las, a fim de fazer a contação de histórias de cor. Acrescente-se que o professor ou professora pode escolher apenas ler a história e não comentar nada, deixando que os alunos reflitam sobre o que escutaram ou proporcionar discussão acerca dos ensinamentos da história. Também pode propor momentos de silêncio em que toda a turma leia uma história, quer seja esta proposta pelo professor ou escolhida pelos próprios alunos. Só sugiro que não utilizem essas histórias em avaliações, como provas e testes, pois assim elas não cumprem seu objetivo principal, que é o de proporcionar a leitura (ou a escuta) prazerosa, que leve à reflexão – esta que, talvez, será singular, de acordo com o momento de vida de cada um.

O ideal é que a escola disponha de exemplares para que todos os alunos possam ter acesso livremente e tenham a oportunidade de ler as histórias a qualquer momento.

Nós, professores, temos diante de nós uma imensa responsabilidade e grande privilégio: contribuir para a formação de seres humanos! Essa formação se estende para muito além do ensino-aprendizagem de nossas disciplinas. Assim, este livro, *Histórias para encantar e desenvolver valores*, pretende servir como recurso valioso neste trabalho, influenciando positivamente nossos alunos.

Se quiser compartilhar suas histórias comigo, escreva-me: spssolimar@hotmail.com

Inspire-se!

Solimar Silva

I

AMIZADE E SOLIDARIEDADE

Os únicos bens duráveis, imutáveis e sem preço, são o afeto e a solidariedade que se sentem pelas pessoas queridas.

Isabel Vieira

A seleção de histórias sobre *amizade e solidariedade* objetiva servir de inspiração em nosso trabalho de conscientizar nossos alunos para os valores importantes relacionados à ajuda mútua, generosidade, desprendimento, superação do egoísmo e fortalecimento de laços fraternais.

Elas podem ser lidas a qualquer momento, sem contraindicação. Há histórias que podem ser utilizadas para a sensibilização dos alunos em projetos sociais nos quais a escola deseja maior envolvimento e participação do seu corpo discente; para promover maior união, tolerância e cooperação entre alunos de uma turma; a fim de levar os alunos a refletirem sobre como podem resolver conflitos e, logicamente, a qualquer momento em que a temática da amizade e da solidariedade seja o foco de nossas aulas, discussões e preocupações.

O escritor italiano Luciano de Crescenzo escreveu um texto, uma lenda, na qual sintetiza a ideia de que as pessoas são anjos de uma asa só. É necessário que estendamos a mão para o outro, a fim de completar nosso par de asas e, finalmente, podermos voar. Assim, abrimos a primeira seção deste livro com histórias que permitam esse encontro entre diferentes anjos de uma só asa, cada qual aprendendo juntos o valor da amizade e a importância de sermos mais solidários durante nossa passagem por este planeta.

Ao estimularmos em nossa sala de aula a amizade e solidariedade, estaremos contribuindo para a formação e fortalecimento de laços afetivos que podem e devem se estender para fora dos muros da escola e para além dos anos escolares. Essas histórias podem contribuir para a construção da própria subjetividade de nossos alunos, como seres capazes de exercer o amor fraternal e altruísta.

Não se espante se, ao contar essas histórias para os alunos, você sentir um ardor no coração. É a semente da amizade e da solidariedade dando frutos. Aproveite para fortalecer seus próprios laços com seus alunos. Afinal, grandes mestres são muito mais que professores. Não aprendemos apenas com o cognitivo, somos seres emocionais. De certa forma, os grandes mestres tornam-se amigos de seus alunos.

• 1 •
A estação de salvamento

Numa certa costa do mar havia um trecho muito perigoso que causava muitos naufrágios. Um grupo de marinheiros corajosos instalou um pequeno posto de socorro marítimo com um farol para serviço de vigilância e um barco sempre pronto para o salvamento. Muitas vidas foram poupadas, e a casa se tornou conhecida.

Aconteceu que as pessoas socorridas se afeiçoaram com ela, e começaram a melhorar a casa. Compraram outros barcos e treinaram mais gente. A estação crescia e prosperava. Benfeitores queriam aumentar o prédio. Diziam que os socorridos mereciam mais conforto, e compraram camas novas e todo o mobiliário novo.

A estação começou a ser procurada como lugar de lazer e virou um clube recreativo. Já não tinha quase voluntários para o socorro marítimo, e foi preciso contratar profissionais para isto.

Ainda havia o emblema antigo em todas as salas, e o modelo do primeiro barco estava no salão nobre, mas isto não passava de enfeite.

Um dia aconteceu um grande naufrágio. Os barcos de socorro trouxeram muita gente aflita, alguns negros, outros orientais. No clube deu-se um grande caos, este povo vai sujar a casa!

Fizeram banheiros improvisados lá fora para os estranhos não invadirem a casa elegante. Logo depois teve uma assembleia geral.

A maioria quis suspender de vez o serviço de salvamento, porque só dava dor de cabeça e perturbava a vida normal do clube. Mas um pequeno grupo defendeu a ideia do começo: a estação para salvar os naufragados!

Esse grupo foi derrotado pela maioria, que falou: "Se vocês se doem com este povo, façam uma nova estação".

E foi isto o que o grupo fez. Tudo começou de novo com o mesmo objetivo. Mas, com o passar dos anos, a história se repetiu: a alegria de salvar vidas, a gratidão dos socorridos e a chegada dos benfeitores.

Assim foi preciso fundar uma terceira casa, que não foi diferente das outras.

Hoje em dia naquela praia tem uns dez clubes, cada qual mais elegante que o outro. Ainda hoje tem navios que naufragam ali, só que a maioria não escapa da morte porque não tem mais ninguém que se arrisque ao alto-mar.

• 2 •
A pergunta mais importante

Durante meu segundo semestre na escola de enfermagem, nosso professor nos deu um exame surpresa. Eu era um estudante consciente e li rapidamente todas as perguntas, até que li a última: "Qual o primeiro nome da mulher que limpa a escola?"

Seguramente isto era algum tipo de brincadeira.

Eu já havia visto muitas vezes a mulher que limpa a escola. Ela era alta, cabelo escuro, como de uns cinquenta anos, mas como iria saber seu nome?

Entreguei meu exame, deixando a última pergunta em branco.

Antes de terminar a aula, alguém perguntou ao professor se a última pergunta contaria para a nota do exame.

"Absolutamente", disse o professor.

Em suas carreiras vocês conhecerão muitas pessoas. Todas são significantes. Elas merecem a sua atenção e cuidado, ainda que somente você lhes sorria e diga "olá".

Eu nunca esquecerei esta lição.

Também aprendi que o seu nome era Doroteia...

• 3 •
A visita de Jesus

Era uma noite iluminada...

Um anjo apareceu a uma família muito rica e falou para a dona da casa:

— Estou te trazendo uma boa notícia: Esta noite o Senhor Jesus virá visitar a tua casa!

Aquela senhora ficou entusiasmada. Jamais acreditara ser possível que esse milagre acontecesse em sua casa.

Tratou de preparar uma excelente ceia para receber a Jesus. Encomendou frangos, assados, conservas, saladas e vinhos importados.

De repente, tocou a campainha. Era uma mulher com roupas miseráveis, com aspecto de quem já sofrera muito...

— Senhora — disse a pobre mulher —, será que não teria algum serviço para mim? Tenho fome e tenho necessidade de trabalhar.

— Ora bolas! — retrucou a dona da casa. — Isso são horas de vir me incomodar? Volte outro dia. Agora estou muito atarefada com uma ceia para uma visita muito importante.

A pobre mulher se foi... Pouco mais tarde, um homem, sujo de graxa, veio bater-lhe à porta.

– Senhora, falou ele, o meu caminhão quebrou bem aqui na esquina. Não teria a senhora, por acaso, um telefone para que eu pudesse me comunicar com um mecânico?

A senhora, como estava ocupadíssima em limpar as pratas, lavar os cristais e os pratos de porcelana, ficou muito irritada:

– Você pensa que minha casa é o quê? Vá procurar um telefone público. Onde já se viu incomodar as pessoas dessa maneira? Por favor, cuide para não sujar a entrada da minha casa com esses pés imundos!

E a anfitriã continuou a preparar a ceia: abriu latas de caviar, colocou o champanhe na geladeira, escolheu na adega os melhores vinhos e preparou os coquetéis.

Nesse meio-tempo, alguém lá fora bate palmas.

– Será que agora está chegando Jesus? – pensou ela emocionada. E com o coração batendo acelerado, foi abrir a porta. Mas se decepcionou. Era um menino de rua, todo sujo e malvestido...

– Senhora, estou com fome. Dê-me um pouco de comida!

– Como é que eu vou te dar comida, se nós ainda não ceamos? Volta amanhã, porque esta noite estou muito atarefada... não posso te dar atenção...

Finalmente a ceia ficou pronta. Toda a família esperava, emocionada, o ilustre visitante.

Entretanto, as horas iam passando e Jesus não aparecia.

Cansados de tanto esperar, começaram a tomar aqueles coquetéis especiais que, pouco a pouco, já começaram a fazer efeito naqueles estômagos vazios, até que o sono fez com que se esquecessem dos frangos, assados e de todos os pratos saborosos.

Na manhã seguinte, ao acordar, a senhora se viu, com grande espanto, na presença do anjo.

– Será que um anjo é capaz de mentir? – gritou ela. – Eu preparei tudo esmeradamente, aguardei a noite inteira e Jesus não apareceu. Por que você fez isso comigo? Por que essa brincadeira?

– Não fui eu que menti... Foi você que não teve olhos para enxergar – explicou o anjo. – Jesus esteve aqui em sua casa por três vezes: na pessoa da mulher pobre, na pessoa do caminhoneiro e na pessoa do menino faminto, mas a senhora não foi capaz de reconhecê-lo e acolhê-lo em sua casa.

• 4 •

Ajudando a chorar

A menina chegou a casa atrasada para o jantar. Sua mãe tentava acalmar o nervoso pai enquanto pedia explicações sobre o que havia acontecido.

A menina respondeu que tinha parado para ajudar Jane, sua amiga, porque ela tinha levado um tombo e sua bicicleta tinha se quebrado.

– E desde quando você sabe consertar bicicletas? – perguntou a mãe.

– Eu não sei consertar bicicletas! – disse a menina. – Eu só parei para ajudá-la a chorar.

Não muitos de nós sabemos consertar bicicletas. E quando nossos amigos caírem e quebrarem, não as suas bicicletas, mas suas vidas, provavelmente não teremos a capacidade de consertá-las. Não podemos simplesmente consertar a vida de outra pessoa, embora isso seja o que nós gostaríamos de fazer.

Mas, como a menina, nós podemos parar para lhes ajudar a chorar. Se isso é o melhor que nós podemos fazer. E isso é muito!

• 5 •
Amigo

– Meu amigo não voltou do campo de batalha, senhor! Solicito-lhe permissão para ir buscá-lo – disse um soldado ao seu tenente.

– Permissão negada – replicou o oficial. – Não quero que arrisque a sua vida por um homem que provavelmente está morto.

O soldado, ignorando a proibição, saiu, e uma hora mais tarde regressou, mortalmente ferido, transportando o cadáver de seu amigo.

O oficial estava furioso:

– Já tinha te dito que ele estava morto!!! Agora eu perdi dois homens! Diga-me: Valeu a pena ir lá para trazer um cadáver?

E o soldado, moribundo, respondeu:

– Claro que sim, senhor! Quando o encontrei, ele ainda estava vivo e pôde me dizer: "Tinha certeza que você viria, amigo!"

• 6 •

Amizade

Havia um grupo de pessoas que, numa reunião, resolveu discutir o que é amizade.

Um deles disse que amigo era aquele que estava junto com o companheiro em todas as suas horas, tanto de alegria quanto de tristeza.

Outro disse que o amigo era aquele em que podíamos confiar cegamente.

Um terceiro disse que amigo era alguém que estava sempre pronto a nos ajudar quando precisássemos.

Amigo era aquele que sempre tinha um conselho sincero para nos dar nas horas de desencanto.

Amigo era aquele que...

E assim foi.

Muitas qualidades do amigo foram enumeradas.

Mas, terminada a reunião, uma senhora mais velha perguntou se tínhamos mais alguma coisa a dizer.

Respondido que não, ela retrucou: "Então o único amigo que vocês têm é Deus, que nunca falha. Entendam que não existe amigo ideal, nós somos humanos e erramos, portanto, não devemos exigir que os outros sempre acertem ou façam somente coisas que nos agradam. Desta forma, se somos amigos, devemos ver os erros e relevá-los, ver os defeitos e compreendê-los, e amarmos uns aos outros com toda a nossa humanidade".

• 7 •
Amor na latinha de leite

Dois irmãozinhos maltrapilhos, provenientes da favela, um deles de cinco anos e o outro de dez, iam pedindo um pouco de comida pelas casas da rua que beirava o morro. Estavam famintos:

– Vá trabalhar e não amole – ouvia-se detrás da porta.

– Aqui não há nada, moleque – dizia outro.

As múltiplas tentativas frustradas entristeciam as crianças.

Por fim, uma senhora muito atenta disse-lhes:

– Vou ver se tenho alguma coisa para vocês... Coitadinhos!

Ela voltou com uma latinha de leite. Que festa! Ambos se sentaram na calçada. O menorzinho disse para o de dez anos:

– Você é mais velho, tome primeiro...

E olhava para ele com seus dentes brancos, a boca semiaberta, mexendo a ponta da língua.

Eu, como um tolo, contemplava a cena... Se vocês vissem o mais velho olhando de lado para o pequenino! Leva a lata à boca e, fingindo beber, aperta fortemente os lábios para que por eles não penetre uma só gota de leite. Depois, estendendo a lata, diz ao irmão:

– Agora é sua vez. Só um pouco.

E o irmãozinho, dando um grande gole, exclama:

– Como está gostoso!

– Agora eu – diz o mais velho.

E levando a latinha, já meio vazia, à boca, não bebe nada.

"Agora você", "Agora eu", "Agora você", "Agora eu", diziam eles.

E, depois de três, quatro, cinco ou seis goles, o menorzinho, de cabelo encaracolado, barrigudinho, com a camisa de fora, esgota o leite todo... Ele sozinho.

Esse "Agora você", "Agora eu" encheram-me os olhos de lágrimas...

E então, aconteceu algo que me pareceu extraordinário. O mais velho começou a cantar, a sambar, a jogar futebol com a lata de leite. Estava radiante, o estômago vazio, mas o coração trasbordante de alegria. Pulava com a naturalidade de quem não fez nada de extraordinário, ou melhor, com a naturalidade de quem está habituado a fazer coisas extraordinárias sem dar-lhes maior importância.

• 8 •
Amor, fartura ou sucesso?

Uma mulher saiu de sua casa e viu três homens com longas barbas brancas sentados em frente ao quintal dela. Ela não os reconheceu. Ela disse:

– Acho que não os conheço, mas devem estar com fome. Por favor, entrem e comam algo.

– O homem da casa está? – perguntaram.

– Não – ela disse –, está fora.

– Então não podemos entrar – eles responderam.

À noite, quando o marido chegou, ela contou-lhe o que aconteceu.

– Vá, diga que estou em casa e convide-os a entrar.

A mulher saiu e convidou-os a entrar.

– Não podemos entrar juntos – responderam.

– Por que isto?

Um dos velhos explicou-lhe:

– Seu nome é Fartura – ele disse apontando um dos seus amigos, e mostrando o outro, falou: – Ele é o Sucesso e eu sou o Amor. Agora vá e discuta com o seu marido qual de nós você quer em sua casa.

A mulher entrou e falou ao marido o que foi dito. Ele ficou arrebatado e disse:

– Que bom! – ele exclamou. – Neste caso, vamos convidar Fartura. Deixe-o vir e encher nossa casa de fartura.

A esposa discordou:

– Meu querido, por que não convidamos o Sucesso?

A cunhada deles ouvia do outro canto da casa. Ela apresentou sua sugestão:

– Não seria melhor convidar o Amor? Nossa casa então estará cheia de amor.

– Atentemos pelo conselho da sua irmã – disse o marido para a esposa. – Vá lá fora e chame o Amor para ser nosso convidado.

A mulher saiu e perguntou aos três homens quem era o Amor?

– Por favor, entre e seja nosso convidado.

O Amor levantou-se e seguiu em direção a casa.

Os outros dois levantaram-se e seguiram-no. Surpresa, a senhora perguntou-lhes:

– Apenas convidei o Amor, por que vocês entraram?

Os velhos homens responderam juntos:

– Se você convidasse Fartura ou Sucesso, os outros dois esperariam aqui fora, mas se você convidar o Amor, onde ele for iremos com ele. Onde há amor, há também fartura e sucesso!!!

• 9 •
Capelinha da generosidade

Um homem tinha dois filhos. Ao morrer deixou-lhes todas as suas terras como herança. Metade da lavoura para cada um. Fernando, o mais jovem, era rico. Casado, mas sem filhos. Luís Antônio era pobre, com família grande: cinco filhos.

Certa noite Fernando não conseguiu dormir, só pensava: "Meu pai equivocou-se ao deixar metade de suas terras para mim. Como estou bem de vida, não preciso de tanta propriedade".

No alvorecer do dia, Fernando foi direto ao campo, a fim de alterar os limites de sua lavoura, em benefício do irmão.

Coincidência ou não, também Luís Antônio passara a noite em claro, com um único pensamento na cabeça: "Meu pai enganou-se na partilha. Tenho cinco filhos, ao passo que o Nando não tem nenhum. Ele merece um prêmio, ainda mais que anda triste e abatido ultimamente..."

Antes de o sol raiar, Luís Antônio correu ao campo também, decidido a corrigir os limites de sua propriedade. Mais terra para o Fernando. Em plena roça os dois irmãos se encontraram. Emocionados se abraçaram. Conta a história que uma capela foi construída no exato local daquele encontro fraternal. A capelinha da generosidade.

• 10 •
Estenda a mão

Era um dia frio de inverno em Nova York. Um menininho de uns dez anos de idade contemplava a vitrine de uma loja de calçados na Broadway. Descalço, e tremendo de frio, ele observava a mercadoria. Uma senhora, aproximando-se, perguntou por que ele estava olhando para a janela tão concentrado.

– Eu estava pedindo a Deus para me dar um par de sapatos – respondeu.

A senhora, segurando suas mãos, entrou com ele na loja e pediu para o vendedor pegar uns seis pares de meia. Depois perguntou se ele poderia ceder uma bacia com um pouco de água quente e uma toalha. O vendedor atendeu prontamente ao pedido. Levando o menino para o fundo da loja, a senhora tirou suas luvas e, ficando de joelhos, lavou e secou os seus pés. A essa altura o vendedor voltou com um par de meias nas mãos.

Calçou no menino as meias e comprou-lhe um par de sapatos. Juntou os outros pares de meia e entregou-as a ele. Fazendo um carinho na cabeça do menino, perguntou-lhe se ele estava se sentindo melhor.

Ela estava se virando para ir embora quando o menininho segurou sua mão e, olhando-a nos olhos, chorando, perguntou:

– A senhora é esposa de Deus?

• 11 •
Fidelidade

Pítias, condenado à morte pelo tirano Dioniso, passava na prisão os seus últimos dias. Dizia não temer a morte, mas como explicar que seus olhos se enchessem de lágrimas ao ver o caminho que se abria diante das grades da prisão? Sim, era a dura lembrança dos velhos pais! Era ele o arrimo e o consolo deles. Não mais suportando, um dia Pítias disse ao tirano:

– Permita-me ir a casa abraçar meus pais e resolver meus negócios. Estarei de volta em quatro dias, sem acrescentar nem uma hora a mais.

– Como posso acreditar na sua promessa? Os caminhos são desertos. O que você quer mesmo é fugir – respondeu Dioniso, irônica e zombeteiramente.

– Senhor, é preciso que eu vá. Meus pais estão velhinhos e só contam comigo para se defenderem – insistiu Pítias, com o olhar nublado de lágrimas.

Vendo que o tirano se mantinha irredutível, Damon, jovem e amigo de Pítias, interveio, propondo:

– Conceda a licença que meu amigo pede; conheço seus pais e sei que carecem da ajuda do filho. Deixe-o partir e garanto sua volta dentro dos dias previstos, sem faltar uma hora, para lhe entregar a cabeça.

A resposta foi um não categórico. Compreendendo o sofrimento do amigo, Damon propôs ficar na prisão em lugar de Pítias e morreria no lugar dele se necessário fosse. O tirano, surpreendido, aceitou a proposta e, depois de um prolongado abraço no amigo, Pítias partiu.

O dia marcado para sua execução amanheceu ensolarado. As horas passavam céleres e a guarda já se mostrava inquieta. Entretanto, Damon procurava restabelecer a calma, garantindo que o amigo chegaria a tempo.

Finalmente chegara a hora da execução. Os guardas tiraram os grilhões dos pés de Damon e o conduziram à praça, onde a multidão acompanhava em silêncio a cada um dos seus passos.

Subiu, então, ao cadafalso. Uma estranha agitação levou a multidão a prorromper em gritos. Era Pítias que chegava exausto e quase sem fôlego. Porém, rompendo a multidão, galgou os degraus do cadafalso, onde, abraçando o amigo, entregou-se ao carrasco sem o menor pavor.

Os soluços da multidão comovida chegaram aos ouvidos do tirano. Este, pondo-se de pé em sua tribuna, para melhor se convencer da cena que acabava de acontecer na praça, levantou as mãos e bradou com firmeza:

– Parem imediatamente com a execução! Esses dois jovens são dignos do amor dos homens de bem, porque sabem o quanto custa a palavra. Eles provaram saber o quanto vale a honra e o bom-nome!

Descendo imediatamente daquela tribuna, dirigiu-se a Pítias e a Damon. Dioniso estava perplexo, e, abraçando-os comovidamente, lhes falou:

– Eu daria tudo para ter amigos como vocês!

• 12 •

Ganhe por dar

– Leve isto àquela viúva pobre que mora na entrada da cidade – disse o velho sapateiro alemão ao seu jovem aprendiz, entregando-lhe uma cesta de legumes frescos da sua horta.

O sapateiro trabalhava duro no seu ofício e cultivava sua pequena horta para conseguir sobreviver e, ainda assim, sempre dava o pouco que tinha.

– Como o senhor consegue dar tanto? – perguntaram-lhe.

– Eu não dou nada – disse ele. – Eu empresto ao Senhor e Ele me paga de volta muitas vezes mais. Fico envergonhado das pessoas pensarem que sou generoso, quando recebo tanto de volta. Há muito tempo, quando era bem pobre mesmo, vi alguém ainda mais pobre do que eu. Queria dar-lhe algo, mas estava difícil de fazer isso. Eu dei e o Senhor me ajudou. Trabalho nunca me falta e minha horta produz em abundância. Desde então nunca hesito quando ouço falar de alguém em necessidade. Não, mesmo que eu desse tudo o que tenho, o Senhor não me deixaria morrer de fome. É como dinheiro no banco, só que desta vez o banco – o Banco do Céu – nunca falha, e os juros retornam a cada dia.

• 13 •

Irmão não pesa

No alto do Rio Negro, à beira de um de seus afluentes, o Rio Tiquiê, vive um grupo de índios Tucanos.

Por incrível que pareça, a maior parte dos adolescentes tem o pé direito levemente virado para fora.

Não sei se foi feita alguma pesquisa científica, algum estudo genético, mas a explicação que me deram foi bastante convincente.

Normalmente os índios têm vários filhos, e os maiores cuidam dos menores.

Desde pequenos os curumins carregam os menores, e a forma de carregar é colocar o pequeno junto ao corpo, mas de lado, acima da perna direita, e isso faz com que ao andar precise entortar o pé para dar segurança.

Em uma tarde muito quente, um indiozinho bem magrinho carregava seu irmão de volta para casa após o banho no rio. Era uma subida íngreme e teriam que caminhar por um bom trecho.

Foi perguntado ao menino que carregava seu irmão se ele não estava cansado, ao que ele respondeu.

— IRMÃO NÃO PESA.

• 14 •
Isto é amar o próximo

Numa tarde muito quente, um pobre paralítico sentou-se, como habitualmente fazia, num dos bancos de certa praça em Viena, na Áustria, para ali esmolar. Era do produto das esmolas que ele se mantinha. Para atrair os transeuntes ele tocava um velho violino.

Tinha esperanças no efeito da sua música sobre os corações mais generosos. O seu cão, fiel companheiro e amigo inseparável, segurava na boca uma cestinha velha de vime, para que ali fossem depositadas as esmolas que entregavam.

Naquela tarde, entretanto, as esmolas não vinham. Sem dar a mínima atenção ao pobre aleijado, o público passava de um lado para outro apressado e distraído.

Ninguém parecia ouvir os seus acordes e muito menos se apercebiam da sua presença ali na praça.

Esta situação fazia aumentar ainda mais a infelicidade do pobre paralítico, que tanto carecia das esmolas para a sua sobrevivência.

De súbito, ao lado do deficiente postou-se um cavalheiro bem-vestido, que o olhou com compaixão.

Vendo o infeliz pousar o instrumento, já cansado e desanimado, reparando ainda nas grossas lágrimas que lhe rolavam pelas faces, aproximou-se um pouco mais e, metendo uma moeda de prata em sua mão, pediu-lhe licença para tocar no seu violino.

Ajustou as cordas, preparou o arco e se pôs a tocar.

O público, agora atraído pela maviosidade da música, começou a aproximar-se. Aglomerou-se ao ponto de se tornar uma multidão. As moedas de cobre, prata e até algumas de ouro foram enchendo de tal maneira a pequena cesta, que o cão já não podia sustentar o peso na boca. Teve de pousá-la ao seu lado, no chão.

O povo aglomerado não só apreciava a música, mas muito mais admirava o gesto do artista. Este, depois de haver tocado uma melodia que foi cantada pelo público, entusiasticamente, depositou o instrumento nos joelhos do paralítico, agora feliz, e desapareceu sem dar tempo a que lhe agradecesse ou fizesse qualquer pergunta.

Mas a indagação ficou:

– Quem é esse homem que tão bem sabe tocar? – foi a pergunta que se ouviu de todos os lados. A curiosidade tomou conta do povo.

O paralítico também estava curioso, além de extremamente agradecido. De repente, do meio da multidão, alguém informou com conhecimento:

– Esse homem é Armando Boucher, o célebre violinista que só toca nos grandes concertos, mas, hoje, parece haver também colocado a sua arte ao serviço do amor.

Esse gesto tão singular raramente imitado foi, sem dúvida, uma perfeita demonstração de amor ao próximo!

• 15 •

Maior amor

Numa aldeia vietnamita, um orfanato dirigido por um grupo de missionários foi atingido por um bombardeio. Os missionários e duas crianças tiveram morte imediata e as restantes ficaram gravemente feridas. Entre elas, uma menina de oito anos, considerada em pior estado.

Era necessário chamar ajuda por rádio, e ao fim de algum tempo, um médico e uma enfermeira da Marinha dos Estados Unidos chegaram ao local. Teriam que agir rapidamente, senão a menina morreria devido aos traumatismos e à perda de sangue.

Era urgente fazer uma transfusão, mas como? Após alguns testes rápidos, puderam perceber que ninguém ali possuía o sangue preciso. Reuniram as crianças, e entre gesticulações, arranhadas no idioma, tentavam explicar o que estava acontecendo e que precisariam de um voluntário para doar o sangue.

Depois de um silêncio sepulcral, viu-se um braço magrinho levantar-se timidamente. Era um menino chamado Heng. Ele foi preparado às pressas ao lado da menina agonizante e espetaram-lhe uma agulha na veia. Ele se mantinha quietinho e com o olhar fixo no teto.

Passado algum momento, ele deixou escapar um soluço e tapou o rosto com a mão que estava livre. O médico lhe perguntou se estava doendo e ele negou.

Mas não demorou muito a soluçar de novo, contendo as lágrimas. O médico ficou preocupado e voltou a lhe perguntar, e novamente ele negou.

Os soluços ocasionais deram lugar a um choro silencioso, mas ininterrupto.

Era evidente que alguma coisa estava errada. Foi então que apareceu uma enfermeira vietnamita vinda de outra aldeia. O médico pediu então que ela procurasse saber o que estava acontecendo com Heng.

Com a voz meiga e doce, a enfermeira foi conversando com ele e explicando algumas coisas, e o rostinho do menino foi se aliviando... Minutos depois ele estava novamente tranquilo. A enfermeira então explicou aos americanos:

– Ele pensou que ia morrer, não tinha entendido direito o que vocês disseram, e estava achando que ia ter que dar todo o seu sangue para a menina não morrer.

O médico se aproximou dele e, com a ajuda da enfermeira, perguntou:

– Mas, se era assim, por que então você se ofereceu a doar seu sangue?

E o menino respondeu simplesmente:

– Ela é minha amiga.

• 16 •

O presente

O homem por detrás do balcão olhava a rua de forma distraída. Uma garotinha se aproximou da loja e amassou o narizinho contra o vidro da vitrine. Os olhos da cor do céu brilhavam quando viu um determinado objeto. Entrou na loja e pediu para ver o colar de turquesa azul.

– É para minha irmã. Pode fazer um pacote bem bonito?

O dono da loja olhou desconfiado para a garotinha e lhe perguntou:

– Quanto de dinheiro você tem?

Sem hesitar, ela tirou do bolso da saia um lenço todo amarradinho e foi desfazendo os nós.

Colocou-o sobre o balcão e, feliz, disse:

– Isso dá?

Eram apenas algumas moedas que ela exibia orgulhosa.

– Sabe, quero dar esse presente para minha irmã mais velha. Ela cuida de mim e dos meus irmãos... Não tem tempo para ela... É aniversário dela e tenho certeza que ficará feliz com o colar que é da cor de seus olhos.

O homem foi para o interior da loja, colocou o colar em um estojo, embrulhou com um vistoso papel vermelho e fez um laço caprichado com uma fita verde.

– Tome!!! – disse para a garota. – Leve-o com cuidado.

Ela saiu feliz saltitando pela rua abaixo.

Ainda não acabara o dia quando uma linda jovem de cabelos loiros e maravilhosos olhos azuis entrou na loja. Colocou sobre o balcão o já conhecido embrulho desfeito e indagou:

– Este colar foi comprado aqui?

– Sim, senhorita.

– E quanto custou?

– Ah!!! – falou o dono da loja – O preço de qualquer produto da minha loja é sempre um assunto confidencial entre o vendedor e o cliente.

A moça continuou:

– Mas minha irmã tinha somente algumas moedas! O colar é verdadeiro, não é? Ela não teria dinheiro para pagá-lo!

O homem tomou o estojo, refez o embrulho com extremo carinho, colocou a fita e o devolveu à jovem.

– Ela pagou o preço mais alto que qualquer pessoa pode pagar: ELA DEU TUDO O QUE TINHA.

O silêncio encheu a pequena loja, e duas lágrimas rolaram pela face emocionada da jovem, enquanto suas mãos tomavam o pequeno embrulho.

• 17 •
Perdidos na montanha gelada

Em zona montanhosa, através de região deserta, caminhavam dois velhos amigos, ambos enfermos, cada qual a defender-se quanto possível contra os golpes do ar gelado, quando foram surpreendidos por uma criança semimorta, na estrada, ao sabor da ventania de inverno.

Um deles fixou o singular achado e clamou, irritadiço:

– Não perderei tempo. A hora exige cuidado para comigo mesmo. Sigamos à frente.

– Amigo, salvemos o pequenino. É nosso irmão em humanidade.

– Não posso – disse o companheiro, endurecido. Sinto-me cansado e doente. Esse desconhecido seria um peso insuportável. Temos frio e tempestade. Precisamos ganhar a aldeia próxima sem perda de minutos.

E avançou para diante em largas passadas.

O homem de bom sentimento, contudo, inclinou-se para o menino estendido, demorou-se alguns minutos colocando-o paternalmente ao próprio peito e, aconchegando-o ainda mais, marchou adiante, embora menos rápido. A chuva gelada caiu, metódica, pela noite adentro, mas ele não abandonou aquele ser indefeso... levava-o junto ao peito...

Depois de muito tempo atingiu a hospedaria do povoado que buscava.

Com enorme surpresa, porém, não encontrou aí o colega que o precedera.

Somente no dia seguinte, depois de minuciosa procura, foi o infeliz viajante encontrado sem vida, num desvão do caminho alagado.

Seguindo à pressa e a sós, com a ideia egoísta de preservar-se, não resistiu à onda de frio que se fizera violenta e tombou encharcado, sem recursos com que pudesse fazer face ao congelamento, enquanto que o companheiro, recebendo em troca o suave calor da criança que sustentava junto ao próprio coração, superou os obstáculos da noite gelada, guardando-se de semelhante desastre. Descobrira a sublimidade do auxílio mútuo.

• 18 •
Por que as pessoas gritam?

Um dia um pensador indiano fez a seguinte pergunta aos seus discípulos:

– Por que é que as pessoas gritam quando estão aborrecidas?

– Gritamos porque perdemos a calma – respondeu um deles.

– Mas por que gritar quando a outra pessoa está ao seu lado? – questionou novamente o pensador.

– Bem, gritamos porque desejamos que a outra pessoa nos ouça – retrucou outro discípulo.

E o mestre volta a perguntar:

– Então não é possível falar-lhe em voz baixa?

Várias outras respostas surgiram, mas nenhuma convenceu o pensador. Então ele esclareceu:

– Vocês sabem por que se grita com uma pessoa quando se está aborrecido? O fato é que, quando duas pessoas estão aborrecidas, os seus corações afastam-se muito. Para cobrir esta distância precisam gritar para poderem escutar-se mutuamente. Quanto mais aborrecidas estiverem, mais forte terão que gritar para se ouvir um ao outro através da grande distância. Por outro lado, o que sucede quando duas pessoas estão enamoradas? Elas não gritam. Falam suavemente. E por quê? Porque os seus corações estão muito perto. A distância entre elas é pequena. Às vezes estão tão próximos os seus corações, que nem falam, somente sussurram. Quando o amor é mais intenso, não necessitam sequer sussurrar, apenas se olham, e basta. Os seus corações entendem-se. É isso que acontece quando duas pessoas que se amam estão próximas.

Por fim, o pensador concluiu, dizendo:

– Quando vocês discutirem, não deixem que os seus corações se afastem, não digam palavras que os distanciem mais, pois chegará um dia em que a distância será tanta que não mais encontrarão o caminho de volta.

• 19 •
Problemas & problemas

Certa vez perguntei para o Ramesh, um de meus mestres na Índia:

– Por que existem pessoas que saem facilmente dos problemas mais complicados, enquanto outras sofrem por problemas muito pequenos, morrem afogadas num copo de água?

Ele simplesmente sorriu e me contou uma história...

"Era um sujeito que viveu amorosamente toda a sua vida. Quando morreu, todo mundo falou que ele iria para o céu. Um homem tão bondoso quanto ele somente poderia ir para o paraíso.

Ir para o céu não era tão importante para aquele homem, mas mesmo assim ele foi até lá. Naquela época, o céu não havia ainda passado por um programa de qualidade total. A recepção não funcionava muito bem. A moça que o recebeu deu uma olhada rápida nas fichas em cima do balcão e, como não viu o nome dele na lista, lhe orientou para ir ao inferno.

E no inferno, você sabe como é. Ninguém exige crachá nem convite, qualquer um que chega é convidado a entrar. O sujeito entrou lá e foi ficando.

Alguns dias depois, lúcifer chegou furioso às portas do paraíso para tomar satisfações com São Pedro:

– Isto é alguma brincadeira? Nunca imaginei que fosse capaz de uma baixaria como essa. Isso que você está fazendo é puro terrorismo!

Sem saber o motivo de tanta raiva, São Pedro perguntou, surpreso, do que se tratava. Lúcifer, transtornado, desabafou:

– Você mandou aquele sujeito para o inferno e ele está fazendo a maior bagunça lá. Ele chegou escutando as pessoas, olhando-as nos olhos, conversando com elas. Agora, está todo mundo dialogando, se abraçando, se beijando. O inferno está insuportável, parece o paraíso!

E então fez um apelo:

– Pedro, por favor, pegue aquele sujeito e traga-o para cá!"

Quando Ramesh terminou de contar esta história, olhou-me carinhosamente e disse:

– Viva com tanto amor no coração que se, por engano, você for parar no inferno, o próprio demônio lhe trará de volta ao paraíso.

• 20 •
Você é Deus?

Logo depois do término da Segunda Guerra Mundial, a Europa começou a ajuntar os cacos que restaram. Grande parte da Inglaterra fora destruída e encontrava-se em ruínas. Talvez o lado mais triste da guerra tenha sido assistir às criancinhas órfãs morrendo de fome nas ruas devastadas.

Certa manhã muito fria de Londres, um soldado americano estava retornando ao acampamento. Quando ele virou a esquina dirigindo um jipe, avistou um menino com o nariz pressionado contra o vidro de uma confeitaria. Lá dentro o confeiteiro sovava a massa para uma fornada de rosquinhas. Faminto e com os olhos arregalados, o menino observava todos os movimentos do confeiteiro. O soldado parou o jipe junto ao meio-fio, desceu e caminhou em silêncio até o local onde o menino se encontrava. Através do vidro embaçado pela fumaça, ele viu aquelas rosquinhas quentes de dar água na boca sendo retiradas do forno. O menino salivou e deu um leve gemido quando o confeiteiro as colocou no balcão de vidro com todo o cuidado. Em pé, ao lado do menino, o soldado comoveu-se diante daquele órfão desconhecido.

– Filho... você gostaria de comer algumas rosquinhas?

O menino assustou-se.

– Ah, sim... eu gostaria!

O soldado entrou na confeitaria e comprou uma dúzia de rosquinhas, colocou-as dentro de um saco de papel e dirigiu-se ao local onde o menino se encontrava sob a neblina gelada da manhã de Londres. Ele sorriu, entregou-lhe as rosquinhas e disse simplesmente:

– Aqui estão.

Quando o soldado se virou para se afastar, sentiu um puxão em sua farda. Ele olhou para trás e ouviu o menino perguntar baixinho:

– Moço... você é Deus?

II

CRIATIVIDADE E LIDERANÇA

O segredo da criatividade está em dormir bem e abrir a mente para as possibilidades infinitas. O que é um homem sem sonhos?

Albert Einstein

Quantas vezes ouvimos que a escola mata a criatividade? Parece que sempre é culpa da escola e dos professores. Muitas vezes, o trabalho "de formiguinha" feito dentro dos nossos muros não aparece na mídia. Quantos projetos, trabalhos, apresentações, espaço aberto para que nossos alunos criem e recriem não são vistos?

Algumas das grandes catedrais, aquelas magníficas obras de arte gigantescas, levaram dezenas e dezenas de anos para ficarem prontas. Algumas chegaram a levar cem anos até que estivessem completamente prontas. Muitos dos operários que nelas trabalharam não chegaram a poder admirar a obra completa, mas cada um foi essencial para a criação delas. De igual maneira, apesar de a escola sempre ser apontada como a responsável por matar a criatividade, sei que, pelo menos a maioria de nós, educadores, queremos inspirar aos alunos a serem mais criativos e exercerem positivamente sua capacidade de liderança.

Por isso, a seleção de histórias deste tópico visa proporcionar momentos de reflexão acerca de como sermos mais criativos e como exercer a verdadeira liderança. Algumas dessas histórias podem ser utilizadas antes de lançarmos algum desafio, no qual os alunos terão que apresentar ideias para solucionar problemas ou conflitos, criar novas formas de apresentar um trabalho, apresentar argumentos ou mesmo elaborar propostas diversas.

Meus alunos gostam de todas essas histórias, mas gostaria de destacar o quanto eles se divertem com a história *Cachorrinha criativa*. Geralmente conto a história dando pausas para eles pensarem em como sairiam da situação se estivessem no lugar de Niquinha. Eles ficam bastante surpresos com a forma criativa com que a personagem se desvencilha do problema, e parece que tendem a tomá-la como referência quando precisam dar ideias criativas em algum projeto. Eles brincam se perguntando: O que a Niquinha faria?

Aproveite para ter ideias criativas acerca de como melhor apresentar a sua disciplina, ensinar seus alunos e tornar-se um líder que motiva e inspira.

• 21 •

A tartaruga

Eu percebia que aquilo aborrecia muito os meus pais, porém pouco me importava com isso. Desde que obtivesse o que queria, dava-me por satisfeito. Mas, está claro: se eu importunava e agredia as pessoas, estas passavam a tratar-me de igual maneira. Cresci um pouco e certa feita me apercebi de que a situação era desconfortante e me preocupei sem, entretanto, saber como me modificar.

O aprendizado me foi dado em um domingo em que fui, com meus pais e meus irmãos, passar o dia no campo. Corremos e brincamos muito até que, para descansar um pouco, dirigi-me para a margem do riacho que corria entre um pequeno bosque e os campos. Ali encontrei uma coisa que parecia uma pedra capaz de andar.

Era uma tartaruga. Examinei-a com cuidado e, quando me aproximei mais, o estranho animal encolheu-se e fechou-se dentro de sua casca.

Foi o que bastou. Imediatamente cismei que ela tinha que sair; então, tomando um pedaço de galho, comecei a cutucar os orifícios que haviam na carapaça. Mas os meus esforços resultavam vãos e eu estava ficando, como sempre, impaciente e irritado.

Foi quando meu pai se aproximou de mim. Olhou por um instante o que eu estava fazendo e, em seguida, pondo-se de cócoras junto a mim, disse calmamente:

— Meu filho, você está perdendo o seu tempo. Não vai conseguir nada, mesmo que fique um mês cutucando a tartaruga. Não é assim que se faz.

Venha comigo e traga o bichinho.

Acompanhei-o, e ele se deteve perto na fogueira que havia aceso com gravetos do bosque. E me disse:

– Coloque a tartaruga aqui, não muito perto do fogo. Escolha um lugar morno e agradável.

Eu obedeci. Dentro de alguns minutos, sob a ação do leve calor, a tartaruga pôs a cabeça de fora e caminhou tranquilamente em minha direção. Fiquei muito satisfeito e meu pai tornou a se dirigir a mim, observando:

– Filho, as pessoas podem ser comparadas às tartarugas. Ao lidar com elas procure nunca empregar a força. O calor de um coração generoso pode, às vezes, levá-las a fazer exatamente o que queremos sem que se aborreçam conosco e até, pelo contrário, com satisfação e espontaneidade.

• 22 •

A utilidade

Jean passeava com seu avô por uma praça de Paris. A determinada altura, viu um sapateiro sendo destratado por um cliente, cujo calçado apresentava um defeito. O sapateiro escutou calmamente a reclamação, pediu desculpas e prometeu refazer o erro.

Pararam para tomar um café numa padaria. Na mesa ao lado, o garçom pediu que um homem – com aparência de importante – movesse um pouco a cadeira, para abrir espaço. O homem irrompeu numa torrente de reclamações e negou-se.

"Nunca esqueça do que viu", disse o avô. "O sapateiro aceitou uma reclamação, enquanto este homem a nosso lado não quis mover-se. Os homens úteis, que fazem algo útil, não se incomodam de serem tratados como inúteis. Mas os inúteis sempre se julgam importantes, e escondem toda a sua incompetência atrás da autoridade."

• **23** •
Cachorrinha criativa

Havia uma cachorrinha de nome Niquinha. A dona dela levou-a para passear na floresta. Ela se afastou da sua dona e foi para o mato e começou a comer um osso. De repente, ela percebeu que uma onça se aproximava para devorá-la. Ela fingiu que não viu e, quando a onça estava perto, falou: "Que onça gostosa acabei de comer. Agora vou matar outra".

A onça, ao ouvir isso, ficou apavorada e foi embora.

Um macaco que estava no alto de uma árvore tudo viu e ficou com muita inveja da cachorrinha. Disse: Essa não! Eu pensava que era o animal mais esperto e agora vejo que essa cachorrinha é mais esperta que eu. Vou dar um jeito. Comportou-se literalmente como "amigo da onça". Saiu correndo atrás da onça e falou para ela que fora enganada pela cachorrinha Niquinha.

Quando a Niquinha percebeu, a onça estava voltando com o macaco montado nela. Fingiu novamente que não viu e ficou de costas. Quando viu que a onça estava perto, falou alto: Cadê esse macaco que foi buscar outra onça para eu matar e comer que não chega?

Ouvindo isso e sentindo-se enganada, a onça ficou uma fera com o macaco, o matou e o comeu. E a Niquinha fugiu, voltando para os braços da sua dona.

• 24 •
Criatividade I

Há muitos anos, quando alguém que devia dinheiro podia ser posto na prisão, um mercador londrino teve a infelicidade de dever a um agiota uma grande soma. O agiota, que era velho e feio, estava apaixonado pela filha do mercador, uma bela adolescente. E propôs ao pai um negócio: cancelaria a dívida do mercador se, em troca, pudesse ter a moça.

Tanto o mercador quanto a filha ficaram horrorizados com a proposta. Então, o agiota propôs que deixassem a Providência decidir a questão. Disse-lhes que colocaria duas pedrinhas, uma preta e outra branca, em uma bolsa vazia e a jovem teria de pegar uma das pedrinhas. Se pegasse a preta, tornar-se-ia sua esposa e a dívida do pai seria cancelada; se pegasse a branca, permaneceria com o pai e a dívida também seria cancelada. Mas se a jovem se recusasse a tirar uma das pedrinhas, o pai seria posto na cadeia e ela morreria de fome.

Relutante o mercador concordou. Estavam conversando em um passeio juncado de seixos no jardim do mercador, e o agiota curvou-se para pegar as duas pedrinhas.

A moça, olhos aguçados pelo medo, percebeu que o agiota escolhera duas pedrinhas pretas, enfiando-as na bolsa. Então, pediu a ela que pegasse a pedrinha que decidiria o seu destino e o de seu pai.

Imediatamente a jovem enfiou a mão na bolsa e tirou uma das pedrinhas. Sem olhá-la, ela se atrapalhou e deixou a pedrinha cair no caminho, onde imediatamente se perdeu no meio das outras.

– Oh, que desastrada sou! Mas, não tem importância... Se o senhor olhar na bolsa, poderá saber qual foi a pedrinha que peguei, pela cor da que ficou.

Uma vez que a pedrinha que ficara na bolsa era, evidentemente, preta, deve-se concluir que ela tirara a pedrinha branca, já que o agiota não ousaria admitir sua desonestidade. Assim sendo, salvou o pai da prisão e a si mesmo de um casamento tão inapropriado.

• 25 •

O membro isolado

Um membro de um determinado grupo, ao qual prestava serviços regularmente, sem nenhum aviso deixou de participar.

Após algumas semanas, o líder do grupo decidiu visitá-lo. Era uma noite muito fria. O líder encontrou o homem em casa sozinho, sentado diante de um brilhante fogo.

Supondo a razão para a visita, o homem deu-lhe boas-vindas, conduziu-lhe a uma grande cadeira perto da lareira e ficou quieto esperando. O pastor se fez confortável, mas não disse nada. No silêncio sério, contemplou a dança das chamas em torno da lenha ardente.

Após alguns minutos, o líder examinou as brasas, cuidadosamente apanhou uma brasa ardente e deixou-a de lado. Então voltou a sentar-se e permaneceu silencioso e imóvel. O anfitrião prestou atenção a tudo, fascinado e quieto.

Então diminuiu a chama da solitária brasa, houve um brilho momentâneo e seu fogo apagou de vez. Logo estava frio e morto.

Nenhuma palavra tinha sido dita desde o cumprimento inicial.

O líder, antes de se preparar para sair, recolheu a brasa fria e inoperante e colocou-a de volta no meio do fogo. Imediatamente começou a incandescer uma vez mais com a luz e o calor dos carvões ardentes em torno dela.

Quando o líder alcançou a porta para partir, seu anfitrião disse:

– Obrigado tanto por sua visita quanto pelo sermão. Eu estou voltando ao convívio do grupo.

• 26 •
Plano B

Certo dia, quando voltava do trabalho depois de um dia daqueles, notei que havia pessoas dentro da minha casa me roubando.

Imediatamente liguei para a polícia, mas me disseram que não havia nenhuma viatura por perto para ajudar naquele momento, mas que iriam mandar alguém assim que fosse possível.

Desliguei o telefone e um minuto depois liguei de novo e disse:

– Olá! Eu liguei há pouco porque havia pessoas roubando a minha casa. Já não é preciso chegar tão depressa, porque eu matei todos eles.

Passados alguns minutos, chegavam à minha porta meia dúzia de carros da polícia, helicóptero e uma unidade médica com a ambulância.

50

Eles pegaram os ladrões em flagrante. Um dos policiais disse:

– Pensei que tivesse dito que tinha matado todos.

Eu respondi:

– Pensei que tivessem dito que não havia ninguém disponível.

• 27 •
Uma antiga lenda...

Conta uma antiga lenda que na Idade Média um homem muito religioso foi injustamente acusado de ter assassinado uma mulher. Na verdade, o autor do crime era pessoa influente do reino e, por isso, desde o primeiro momento se procurou um "bode expiatório" para acobertar o verdadeiro assassino.

O homem foi levado a julgamento, já temendo o resultado: a forca. Ele sabia que tudo iria ser feito para condená-lo e que teria poucas chances de sair vivo desta história.

O juiz, que também estava combinado para levar o pobre homem à morte, simulou um julgamento justo fazendo uma proposta ao acusado, caso provasse sua inocência.

Disse o juiz:

– Sou de uma profunda religiosidade e por isso vou deixar sua sorte nas mãos do Senhor: vou escrever num pedaço de papel a palavra INOCENTE e no outro pedaço a palavra CULPADO. Você sorteará um dos papéis e aquele que sair será o veredicto. O Senhor decidirá seu destino – determinou o juiz.

Sem que o acusado percebesse, o juiz preparou os dois papéis, mas em ambos escreveu CULPADO, de maneira que, naquele instante, não existia nenhuma chance do acusado se livrar da forca. Não havia saída.

Não havia alternativas para o pobre homem. O juiz colocou os dois papéis em uma mesa e mandou o acusado escolher um. O homem pensou alguns segundos e, pressentindo a "vibração", aproximou-se confiante da mesa, pegou um dos papéis e rapidamente colocou na boca e engoliu. Os presentes ao julgamento reagiram surpresos e indignados com a atitude do homem.

– Mas o que você fez? E agora? Como vamos saber qual é seu veredicto?

– É muito fácil, respondeu o homem. Basta olhar o outro pedaço que sobrou e saberemos que acabei engolindo o contrário.

Imediatamente o homem foi liberado.

III

DOMÍNIO PESSOAL E PODER DAS PALAVRAS

As palavras têm a leveza do vento e a força da tempestade.

Victor Hugo

Talvez o maior desafio que enfrentamos diariamente seja o de dominarmos a nós mesmos, principalmente no que se refere ao controle das nossas palavras. Como sabemos, estas possuem força para edificar ou destruir, curar ou ferir. Assim, é bom que escolhamos conscientemente como usá-las com as pessoas ao nosso redor, seja expressando gratidão, praticando o perdão ou tendo o cuidado para não julgar precipitada e indevidamente.

As histórias selecionadas para compor esse tópico ressaltam a importância de utilizarmos conscientemente as nossas palavras, dominar a própria língua, exercer autocontrole, buscando saber como agir em caso de conflitos. Ainda enfocam a importância do perdão, visto que os sentimentos maus nutridos em direção a outros se refletem em nós mesmos – em nossa saúde, nosso corpo, nosso bem-estar.

Essas histórias podem ser lidas ou contadas a qualquer momento, pois constantemente precisamos ser incentivados e inspirados a nos elevar, a aplicar a máxima "conhece-te a ti mesmo", no sentido de ultrapassar, dia após dia, quem somos hoje, a fim de tornarmo-nos um pouco melhores amanhã. Ao invés de longos sermões quando uma turma está usando termos ríspidos uns com os outros ou sendo rápidos em julgar colegas do grupo, essas histórias certamente terão um efeito mais duradouro.

Lembro-me de uma turma especialmente barulhenta e briguenta. Eles se agrediam verbalmente o tempo inteiro e não se importavam com o alvoroço que faziam. Certa vez, resolvi contar a história *Carroça vazia*. Apenas contei a história. Não disse o porquê de fazê-lo e não fiz nenhum discurso depois. A partir dali, eles mesmos começaram a ter maior controle. Quando alguém ultrapassava os limites – que eles mesmos consideraram ser de bom-senso para o andamento das aulas – alguém dizia: "Cuidado com a carroça vazia!"

• 28 •
A importância do perdão

O pequeno Zeca entra em casa, após a aula, batendo forte os seus pés no assoalho da casa. Seu pai, que estava indo para o quintal fazer alguns serviços na horta, ao ver aquilo chama o menino para uma conversa.

Zeca, de oito anos de idade, o acompanha desconfiado. Antes que seu pai dissesse alguma coisa, fala irritado:

– Pai, estou com muita raiva. O Juca não deveria ter feito aquilo comigo. Desejo tudo de ruim para ele.

Seu pai, um homem simples, mas cheio de sabedoria, escuta calmamente o filho que continua a reclamar:

– O Juca me humilhou na frente dos meus amigos. Não aceito. Gostaria que ele ficasse doente sem poder ir à escola.

O pai escuta tudo calado enquanto caminha até um abrigo onde guardava um saco cheio de carvão. Levou o saco até o fundo do quintal e o menino o acompanhou calado.

Zeca vê o saco ser aberto e, antes mesmo que ele pudesse fazer uma pergunta, o pai lhe propõe algo:

– Filho, faz de conta que aquela camisa branquinha que está secando no varal é o seu amiguinho Juca e cada pedaço de carvão é um mau pensamento seu endereçado a ele. Quero que você jogue todo o carvão do saco na camisa, até o último pedaço. Depois eu volto para ver como ficou.

O menino achou que seria uma brincadeira divertida e pôs mãos à obra. O varal com a camisa estava longe do menino e poucos pedaços acertavam o alvo.

Uma hora se passou e o menino terminou a tarefa. O pai, que espiava tudo de longe, aproxima-se do menino e lhe pergunta:

– Filho, como está se sentindo agora?

– Estou cansado, mas estou alegre porque acertei muitos pedaços de carvão na camisa.

O pai olha para o menino, que fica sem entender a razão daquela brincadeira, e carinhoso lhe fala:

– Venha comigo até o meu quarto, quero lhe mostrar uma coisa.

O filho acompanha o pai até o quarto e é colocado na frente de um grande espelho onde pode ver seu corpo todo. Que susto! Só se conseguia enxergar seus dentes e os olhinhos.

O pai, então, lhe diz ternamente:

– Filho, você viu que a camisa quase não se sujou; mas, olhe só para você. O mau que desejamos aos outros é como o que lhe aconteceu. Por mais que possamos atrapalhar a vida de alguém com nossos pensamentos, a borra, os resíduos, a fuligem ficam sempre em nós mesmos.

• 29 •

A língua

Um nobre senhor mandou um dia o seu criado ao açougue, dizendo-lhe:

– Traga-me o melhor bocado que lá encontrares.

Para atender fielmente ao pedido de seu amo, o servo trouxe-lhe uma língua. O nobre senhor mandou que as criadas preparassem aquela língua, e assim se deliciou com o estranho e apetitoso bocado.

Dias depois, o senhor chamou novamente o servo e recomendou-lhe:

– Traga-me agora, do mesmo açougue, o bocado mais desprezível que encontrares.

O criado foi depressa, pensou, e trouxe mais uma língua.

Tomado de admiração, o seu senhor indagou-lhe:

– Que significa isso: pedi o melhor bocado e me trouxeste uma língua; depois pedi o pior bocado e me trouxeste também uma língua?

Então o servo, que era sumamente sábio, explicou-lhe:

– Não me enganei, senhor. É isso mesmo: a língua é, ao mesmo tempo, tudo o que há de melhor e tudo o que há de pior no mundo. Pode causar os melhores bens na boca de uma pessoa boa e pode causar os maiores males na boca de uma pessoa má.

• 30 •
A mais bela flor

O estacionamento estava deserto quando me sentei para ler embaixo dos longos ramos de um velho carvalho. Desiludido da vida, com boas razões para chorar, pois o mundo estava tentando me afundar. E se não fosse razão suficiente para arruinar o dia, um garoto ofegante se chegou, cansado de brincar. Ele parou na minha frente, cabeça pendente, e disse cheio de alegria:

– Veja o que encontrei!

Na sua mão uma flor, e que visão lamentável, pétalas caídas, pouca água ou luz.

Querendo me ver livre do garoto com sua flor, fingi pálido sorriso e me virei. Mas, ao invés de recuar, ele se sentou ao meu lado, levou a flor ao nariz e declarou com estranha surpresa:

– O cheiro é ótimo, e é bonita também... Por isso a peguei; ei-la, é sua.

A flor à minha frente estava morta ou morrendo, nada de cores vibrantes como laranja, amarelo ou vermelho, mas eu sabia que tinha que pegá-la, ou ele jamais sairia de lá.

Então me estendi para pegá-la e respondi:

– O que eu precisava.

Mas, ao invés de colocá-la na minha mão, ele a segurou no ar sem qualquer razão. Nessa hora notei, pela primeira vez, que o garoto era cego, que não podia ver o que tinha nas mãos.

Ouvi minha voz sumir, lágrimas despontaram ao sol enquanto lhe agradecia por escolher a melhor flor daquele jardim.

– De nada – ele sorriu.

E então voltou a brincar sem perceber o impacto que teve em meu dia. Sentei-me e pus-me a pensar como ele conseguiu enxergar um homem autopiedoso sob um velho carvalho. Como ele sabia do meu sofrimento autoindulgente? Talvez no seu coração ele tenha sido abençoado com a verdadeira visão. Através dos olhos de uma criança cega, finalmente entendi que o problema não era o mundo, e sim EU.

E por todos os momentos em que eu mesmo fui cego, agradeci por ver a beleza da vida e apreciei cada segundo que é só meu. E então levei aquela feia flor ao meu nariz e senti a fragrância de uma bela rosa, e sorri enquanto via aquele garoto, com outra flor em suas mãos, prestes a mudar a vida de um insuspeito senhor de idade.

• 31 •

Carroça vazia

Uma das grandes preocupações de nosso pai, quando éramos pequenos, consistia em fazer-nos compreender o quanto a cortesia é importante na vida.

Por várias vezes percebi o quanto lhe desagradava o hábito que têm certas pessoas de interromper a conversa quando alguém está falando.

Eu, especialmente, incidia muitas vezes nesse erro. Embora visivelmente aborrecido, ele, entretanto, nunca ralhou comigo por causa disso, o que me surpreendia bastante.

Certa manhã, bem cedo, ele me convidou para ir ao bosque a fim de ouvir o cantar dos pássaros.

Concordei com grande alegria e lá fomos nós, umedecendo nossos calçados com o orvalho da relva.

Ele se deteve em uma clareira e, depois de um pequeno silêncio, me perguntou:

– Você está ouvindo alguma coisa além do canto dos pássaros?

Apurei o ouvido alguns segundos e respondi:

– Estou ouvindo o barulho de uma carroça que deve estar descendo pela estrada.

– Isso mesmo – disse ele. É uma carroça vazia...

De onde estávamos não era possível ver a estrada e eu perguntei admirado:

– Como pode o senhor saber que está vazia?

– Ora, é muito fácil saber que é uma carroça vazia. Sabe por quê?

– Não! – respondi intrigado.

Meu pai pôs a mão no meu ombro e olhou bem no fundo dos meus olhos, explicando:

– Por causa do barulho que faz. Quanto mais vazia a carroça, maior é o barulho que faz.

Não disse mais nada, porém deu-me muito em que pensar.

Tornei-me adulto e, ainda hoje, quando vejo uma pessoa tagarela e inoportuna, interrompendo intempestivamente a conversa de todo o mundo, ou quando eu mesmo, por distração, vejo-me prestes a fazer o mesmo, imediatamente tenho a impressão de estar ouvindo a voz de meu pai soando na clareira do bosque e me ensinando:

– Quanto mais vazia a carroça, maior é o barulho que faz!

• 32 •
Escola de anjos

Era uma vez, há muitos e muitos anos, uma escola de anjos. Conta-se que naquele tempo, antes de se tornarem anjos de verdade, os aprendizes de anjos passavam por um estágio. Durante um certo período, eles saíam em duplas para fazer o bem, e no final de cada dia apresentavam ao anjo-mestre um relatório das boas ações praticadas. Aconteceu então, um dia, que dois anjos estagiários, depois de vagarem exaustivamente por todos os cantos, regressavam frustrados por não terem podido praticar nenhum tipo de salvamento sequer. Parece que naquele dia o mal estava de folga. Enquanto voltavam tristes, os dois se depararam com dois lavradores que seguiam por uma trilha. Neste momento, um deles, dando um grito de alegria, disse para o outro:

– Tive uma ideia. Que tal darmos o poder a estes dois lavradores por quinze minutos para ver o que eles fariam?

O outro respondeu:

– Você ficou maluco? O anjo mestre não vai gostar nada disto!

Mas o primeiro retrucou:

– Que nada, acho que ele até vai gostar! Vamos fazer isto e depois contaremos para ele.

E assim o fizeram. Tocaram suas mãos invisíveis na cabeça dos dois e se puseram a observá-los. Poucos passos adiante eles se separaram e seguiram por caminhos diferentes.

Um deles, após alguns passos depois de terem se separado, viu um bando de pássaros voando em direção à sua lavoura, e passando a mão na testa suada, disse:

– Por favor, meus passarinhos, não comam toda a minha plantação! Eu preciso que esta lavoura cresça e produza, pois é daí que tiro o meu sustento.

Naquele momento, ele viu, espantado, a lavoura crescer e ficar prontinha para ser colhida em questão de segundos. Assustado, ele esfregou os olhos e pensou: "Devo estar cansado", e acelerou o passo.

Aconteceu que logo adiante ele caiu ao tropeçar em um pequeno porco que havia fugido do chiqueiro. Mais uma vez, esfregando a testa, ele disse:

– Você fugiu de novo, meu porquinho! Mas a culpa é minha, eu ainda vou construir um chiqueiro decente para você.

Mais uma vez, espantado, ele viu o chiqueiro se transformar num local limpo e acolhedor, todo azulejado, com água corrente e o porquinho já instalado no seu compartimento. Esfregou novamente os olhos e, apressando ainda mais o passo, disse mentalmente: "Estou muito cansado!"

Neste momento ele chegou em casa e, ao abrir porta, a tranca que estava pendurada caiu sobre sua cabeça. Ele então tirou o chapéu, e esfregando a cabeça, disse:

– De novo, e o pior é que eu não aprendo. Também, não tem me sobrado tempo. Mas ainda hei de ter dinheiro para construir uma grande casa e dar um pouco mais de conforto para minha mulher.

Naquele exato momento aconteceu o milagre. Aquela humilde casinha foi se transformando numa verdadeira mansão diante dos seus olhos. Assustadíssimo, e sem nada entender, convicto de que era tudo decorrente do cansaço, ele se jogou numa enorme poltrona que estava na sua frente e, em segundos, estava dormindo profundamente. Não houve tempo sequer para que ele tivesse algum sonho.

Minutos depois ele ouviu alguém gritar:

– Socorro, compadre! Me ajude! Eu estou perdido!

Ainda atordoado, sem entender muito o que estava acontecendo, ele se levantou correndo. Tinha na mente imagens muito fortes de algo que ele não entendia bem, mas parecia um sonho. Quando ele chegou na porta, encontrou o amigo em prantos. Ele se lembrava que, poucos minutos antes, eles se despediram no caminho e estava tudo bem. Então, perguntando o que havia se passado, ele ouviu a seguinte história:

– Compadre, nós nos despedimos no caminho e eu segui para minha casa. Acontece que, poucos passos adiante, eu vi um bando de pássaros voando em direção à minha lavoura. Este fato me deixou revoltado e eu gritei: Vocês de novo, atacando a minha lavoura, tomara que seque tudo e vocês morram de fome! Naquele exato momento, eu vi a lavoura secar e todos os pássaros morrerem diante dos meus olhos! Pensei comigo, devo estar cansado, e apressei o passo. Andei um pouco mais e caí depois de tropeçar no meu porco que havia fugido do chiqueiro. Fiquei muito bravo e gritei mais uma vez: Você fugiu de novo? Por que não morre logo e para de me dar trabalho? Compadre, não é que o porco morreu ali mesmo, na minha frente. Acreditando estar vendo coisas, andei mais depressa, e ao entrar em casa me caiu na cabeça a tranca da porta. Naquele momento, como eu já estava mesmo era com raiva, gritei novamente: Esta casa... caindo aos pedaços, por que não pega fogo logo e acaba com isto? Para surpresa minha, compadre, naquele exato momento a minha casa pegou fogo, e tudo foi tão rápido que eu nada pude fazer! Mas... compadre, o que aconteceu com a sua casa?... De onde veio esta mansão?

Depois de tudo observarem, os dois anjos foram, muito assustados, contar para o anjo mestre o que havia se passado. Estavam muito apreensivos quanto ao tipo de reação que o anjo mestre teria. Mas tiveram uma grande surpresa.

O anjo mestre ouviu com muita atenção o relato, parabenizou os dois pela ideia brilhante que haviam tido, e resolveu decretar que a partir daquele momento todo ser humano teria quinze minutos de poder ao longo da vida. Só que ninguém jamais saberia quando esses quinze minutos de poder estariam acontecendo.

Será que os quinze minutos próximos serão os seus?

• 33 •

Escrever na rocha

Dois grandes mercadores árabes, de nomes Amir e Farid, eram muito amigos, e, sempre que faziam suas viagens para um mercado onde vendiam suas mercadorias, iam juntos, cada qual com sua caravana e seus escravos.

Numa dessas viagens, ao passarem junto a um rio caudaloso, Farid resolveu banhar-se, pois fazia muito calor.

Em dado momento, distraindo-se, foi arrastado pela correnteza.

Amir, vendo que seu grande amigo corria risco de vida, atirou-se às águas e, com inaudito esforço, conseguiu salvá-lo.

Após esse episódio, Farid chamou um de seus escravos e mandou que ele gravasse, numa rocha ali existente, uma frase que lembrasse a todos do acontecido.

Ao retornarem, passaram pelo mesmo lugar, onde pararam para rápido repouso.

Enquanto conversavam, tiveram uma pequena discussão, e Amir, alterando-se, esbofeteou Farid.

Este aproximou-se das margens do rio e, com uma varinha, escreveu na areia o fato.

O escravo, que fora encarregado de escrever na pedra o agradecimento de Farid, perguntou-lhe:

— Meu senhor, quando fostes salvo, mandaste gravar aquele feito numa pedra e agora escreveis na areia o agravo recebido. Por que assim o fazeis?

Farid respondeu-lhe:

— Os atos de bondade, de amor e abnegação devem ser gravados na rocha para que todos aqueles que tiverem oportunidade de tomar conhecimento deles procurem imitá-los. Ao contrário, porém, quando recebemos uma ofensa, devemos escrevê-la na areia, próxima às águas, para que desapareça, levada pela maré, a fim de que ninguém tome conhecimento dela e, acima de tudo, para que qualquer mágoa desapareça prontamente do nosso coração!

• 34 •
Filosofia de vida

Havia um garotinho que tinha mau gênio. Seu pai lhe deu um saco cheio de pregos e lhe disse que, cada vez que perdesse a paciência, batesse um prego na cerca dos fundos da casa.

No primeiro dia o garoto havia pregado 37 pregos na cerca. Porém, gradativamente, o número foi decrescendo. O garotinho descobriu que era mais fácil controlar seu gênio do que pregar pregos na cerca.

Finalmente chegou o dia, no qual o garoto não perdeu mais o controle sobre o seu gênio. Ele contou isto a seu pai, que lhe sugeriu que tirasse um prego da cerca por cada dia que ele fosse capaz de controlar seu gênio.

Os dias foram passando até que finalmente o garoto pôde contar a seu pai que não havia mais pregos a serem retirados. O pai pegou o garoto pela mão e o levou até a cerca. Ele disse:

– Você fez bem, garoto, mas dê uma olhada na cerca. A cerca nunca mais será a mesma.

Quando você diz coisas, irado, elas deixam uma cicatriz como esta. Você pode esfaquear um homem e retirar a faca em seguida, e não importando quantas vezes você diga que sente muito, a ferida continuará ali. Uma ferida verbal é tão má quanto uma física.

Mantenha isto em mente antes de se irar contra alguém.

• 35 •
Maneira de dizer as coisas

Uma sábia e conhecida anedota árabe diz que, certa feita, um sultão sonhou que havia perdido todos os dentes.

Logo que despertou, mandou chamar um adivinho para que interpretasse seu sonho.

– Que desgraça, senhor! – exclamou o adivinho.

– Cada dente caído representa a perda de um parente de vossa majestade.

– Mas que insolente – gritou o sultão, enfurecido. – Como te atreves a dizer-me semelhante coisa? Fora daqui!

Chamou os guardas e ordenou que lhe dessem cem açoites. Mandou que trouxessem outro adivinho e lhe contou sobre o sonho. Este, após ouvir o sultão com atenção, disse-lhe:

– Excelso senhor! Grande felicidade vos está reservada. O sonho significa que haveis de sobreviver a todos os vossos parentes.

A fisionomia do sultão iluminou-se num sorriso, e ele mandou dar cem moedas de ouro ao segundo adivinho.

E quando este saía do palácio, um dos cortesãos lhe disse, admirado:

– Não é possível! A interpretação que você fez foi a mesma que o seu colega havia feito. Não entendo por que ao primeiro ele pagou com cem açoites e a você com cem moedas de ouro.

– Lembra-te, meu amigo – respondeu o adivinho – Tudo depende da maneira de dizer as coisas...

• 36 •
O cara de pau

Certo dia uma moça estava à espera de seu voo na sala de embarque de um aeroporto.

Como ela deveria esperar por muitas horas, resolveu comprar um livro para matar o tempo. Também comprou um pacote de biscoitos. Então ela achou uma poltrona numa parte reservada do aeroporto para que pudesse descansar e ler em paz.

Ao lado dela se sentou um homem. Quando ela pegou o primeiro biscoito, o homem também pegou um. Ela se sentiu indignada, mas não disse nada.

Ela pensou para si: Mas que "cara de pau". Se eu estivesse mais disposta, lhe daria um soco no olho para que ele nunca mais esquecesse. A cada biscoito que ela pegava, o homem também pegava um. Aquilo a deixava tão indignada que ela não conseguia reagir.

Restava apenas um biscoito e ela pensou: O que será que o "abusado" vai fazer agora.

Então o homem dividiu o biscoito ao meio, deixando a outra metade para ela.

Aquilo a deixou irada e bufando de raiva. Ela pegou o seu livro e as suas coisas e dirigiu-se ao embarque.

Quando sentou confortavelmente em seu assento, para surpresa dela o seu pacote de biscoito estava ainda intacto, dentro de sua bolsa. Ela sentiu muita vergonha, pois quem estava errada era ela, e já não havia mais tempo para pedir desculpas. O homem dividiu os seus biscoitos sem se sentir indignado, ao passo que isto lhe deixara muito transtornada.

• 37 •
O lenhador e a raposa

Existiu um lenhador que acordava às 6 da manhã e trabalhava o dia inteiro cortando lenha, e só parava tarde da noite.

Esse lenhador tinha um filho, lindo, de poucos meses, e uma raposa, sua amiga, tratada como bicho de estimação e de sua total confiança. Todos os dias o lenhador ia trabalhar e deixava a raposa cuidando de seu filho.

Todas as noites, ao retornar do trabalho, a raposa ficava feliz com sua chegada.

Os vizinhos do lenhador alertavam que a raposa era um bicho, um animal selvagem; e, portanto, não era confiável. Quando ela sentisse fome, comeria a criança.

O lenhador, sempre retrucando com os vizinhos, falava que isso era uma grande bobagem. A raposa era sua amiga e jamais faria isso.

Os vizinhos insistiam: "Lenhador, abra os olhos! A raposa vai comer seu filho", "Quando sentir fome, comerá seu filho!"

Um dia o lenhador, muito exausto do trabalho e muito cansado desses comentários, ao chegar em casa viu a raposa sorrindo como sempre e sua boca totalmente ensanguentada...

O lenhador suou frio e sem pensar duas vezes acertou o machado na cabeça da raposa...

Ao entrar no quarto, desesperado, encontrou seu filho no berço dormindo tranquilamente, e ao lado do berço uma cobra morta...

O lenhador enterrou o machado e a raposa juntos.

Se você confia em alguém, não importa o que os outros pensem a respeito, siga sempre o seu caminho e não se deixe influenciar... mas principalmente nunca tome decisões precipitadas.

• 38 •
O monge e a prostituta

Vivia um monge nas proximidades do templo de Shiva. Na casa em frente morava uma prostituta. Observando a quantidade de homens que a visitavam, o monge resolveu chamá-la. "Você é uma grande pecadora", repreendeu-a. "Desrespeita a Deus todos os dias e todas as noites. Será que você não consegue parar e refletir sobre a sua vida depois da morte?"

A pobre mulher ficou muito abalada com as palavras do monge; com sincero arrependimento orou a Deus, implorando perdão. Pediu também que o Todo-poderoso a fizesse encontrar uma nova maneira de ganhar o seu sustento. Mas não encontrou nenhum trabalho diferente. E, após uma semana passando fome, voltou a prostituir-se.

Mas, cada vez que entregava seu corpo a um estranho, rezava ao Senhor e pedia perdão. O monge, irritado porque seu conselho não produzira nenhum efeito, pensou consigo mesmo: "A partir de agora vou contar quantos homens entram naquela casa até o dia da morte dessa pecadora".

E, desde aquele dia, ele não fazia outra coisa a não ser vigiar a rotina da prostituta: a cada homem que entrava, colocava uma pedra num monte.

Passado algum tempo, o monge tornou a chamar a prostituta e lhe disse: "Vê este monte? Cada pedra dessa representa um dos pecados mortais que você cometeu, mesmo depois de minhas advertências. Agora torno a dizer: cuidado com as más ações!"

A mulher começou a tremer, percebendo como se avolumavam seus pecados. Voltando para casa, derramou lágrimas de sincero arrependimento, orando: "Ó Senhor, quando vossa misericórdia irá me livrar dessa miserável vida que levo?"

Sua prece foi ouvida. Naquele mesmo dia, o anjo da morte passou por sua casa e a levou. Por vontade de Deus, o anjo atravessou a rua e também carregou o monge consigo.

A alma da prostituta subiu imediatamente aos céus, enquanto os demônios levaram o monge ao inferno.

Ao cruzarem no meio do caminho, o monge viu o que estava acontecendo e clamou: "Oh, Senhor, essa é a tua justiça? Eu, que passei a minha vida em devoção e pobreza, agora sou levado ao inferno, enquanto essa prostituta, que viveu em constante pecado, está subindo ao céu!"

Ouvindo isso, um dos anjos respondeu:

"São sempre justos os desígnios de Deus. Você achava que o amor de Deus se resumia a julgar o comportamento do próximo. Enquanto você enchia seu coração com a impureza do pecado alheio, essa mulher orava fervorosamente dia e noite. A alma dela ficou tão leve depois de chorar, que podemos levá-la até o paraíso. A sua alma ficou tão carregada de pedras, que não conseguimos fazê-la subir até o alto".

• 39 •
Os lençóis

Um casal, recém-casados, mudou-se para um bairro muito tranquilo.

Na primeira manhã que passavam na casa, enquanto tomavam café, a mulher reparou em uma vizinha que pendurava lençóis no varal e comentou com o marido:

– Que lençóis sujos ela está pendurando no varal! Está precisando de um sabão novo. Se eu tivesse intimidade perguntaria se ela quer que eu a ensine a lavar as roupas!

O marido observou calado.

Três dias depois, também durante o café da manhã, a vizinha pendurava lençóis no varal e novamente a mulher comentou com o marido:

– Nossa vizinha continua pendurando os lençóis sujos! Se eu tivesse intimidade perguntaria se ela quer que eu a ensine a lavar as roupas!

E assim, a cada três dias, a mulher repetia seu discurso, enquanto a vizinha pendurava suas roupas no varal.

Passado um mês a mulher se surpreendeu ao ver os lençóis muito brancos sendo estendidos, e empolgada foi dizer ao marido:

– Veja, ela aprendeu a lavar as roupas, será que a outra vizinha lhe deu sabão? Porque eu não fiz nada.

O marido calmamente a respondeu:

– Não, hoje eu levantei mais cedo e lavei a vidraça da janela!

E assim é. Tudo depende da janela, através da qual observamos os fatos. Antes de criticar, verifique se você fez alguma coisa para contribuir; verifique seus próprios defeitos e limitações.

• **40** •
Pobreza e riqueza

Um dia um pai de família rica levou seu filho para viajar para o interior com o firme propósito de mostrar quanto as pessoas podem ser pobres.

Eles passaram um dia e uma noite na fazenda de uma família muito pobre. Quando retornaram da viagem o pai perguntou ao filho:

– Como foi a viagem?

– Muito boa, papai!

– Você viu como as pessoas pobres podem ser? – o pai perguntou.

– Sim.

– E o que você aprendeu?

O filho respondeu:

– Eu vi que nós temos um cachorro em casa, e eles têm quatro. Nós temos uma piscina que alcança o meio do jardim, eles têm um riacho que não tem fim. Nós temos uma varanda coberta e iluminada com luz, eles têm as estrelas e a lua. Nosso quintal vai até o portão de entrada, eles têm uma floresta inteira.

Quando o pequeno garoto estava acabando de responder, seu pai ficou estupefato. O filho acrescentou:

– Obrigado, pai, por me mostrar o quão pobres nós somos!

• 41 •
Que tipo de pessoas vivem neste lugar?

Conta uma popular lenda do Oriente que um jovem chegou à beira de um oásis, junto a um povoado, e, aproximando-se de um velho, perguntou-lhe:

– Que tipo de pessoas vive neste lugar?

– Que tipo de pessoas vive no lugar de onde você vem? – perguntou por sua vez o ancião.

– Oh! Um grupo de egoístas e malvados – replicou-lhe o rapaz. – Estou satisfeito de haver saído de lá.

A isso o velho replicou:

– A mesma coisa você haverá de encontrar por aqui.

No mesmo dia um outro jovem se acercou do oásis para beber água e, vendo o ancião, perguntou-lhe:

– Que tipo de pessoas vive por aqui?

O velho respondeu com a mesma pergunta:

– Que tipo de pessoas vive no lugar de onde você vem?

O rapaz respondeu:

– Um magnífico grupo de pessoas, amigas, honestas, hospitaleiras. Fiquei muito triste por ter de deixá-las.

– O mesmo encontrará por aqui – respondeu o ancião.

Um homem, que havia escutado as duas conversas, perguntou ao velho:

– Como é possível dar respostas tão diferentes à mesma pergunta?

Ao que o velho respondeu:

– Cada um carrega no seu coração o meio ambiente em que vive. Aquele que nada encontrou de bom nos lugares por onde passou, não poderá encontrar outra coisa por aqui. Aquele que encontrou amigos ali, também os encontrará aqui. Somos todos viajantes no tempo, e o futuro de cada um de nós está escrito no passado. Ou seja, cada um encontra na vida exatamente aquilo que traz dentro de si mesmo. O ambiente, o presente e o futuro somos nós que criamos, e isso só depende de nós mesmos.

• 42 •
Sabedoria oriental

Um guerreiro samurai, conta uma velha história japonesa, certa vez desafiou um mestre zen a explicar o conceito de céu e inferno. Mas o monge respondeu-lhe com desprezo:

– Não passas de um rústico... não vou desperdiçar meu tempo com gente da tua laia!

Atacado na própria honra, o samurai teve um acesso de fúria e, sacando da bainha a espada, berrou:

– Eu poderia matar-te por tua impertinência.

– Isso – respondeu calmamente o monge – é o inferno.

Espantado por ver a verdade no que o mestre dizia da cólera que o dominara, o samurai acalmou-se, embainhou a espada e fez uma mesura, agradecendo ao monge a intuição.

– E isso – disse o monge – é o céu.

• 43 •
Sob o olhar de Deus

Mestre e discípulo caminhavam pelo bosque quando o discípulo perguntou:

– Mestre, como posso ser melhor do que sou?

– Está vendo aquela pedra ali na frente – disse o mestre. – Pois vá até lá e xingue-a... fale a ela os maiores desaforos que já conheceu.

O discípulo assim o fez... xingou... blasfemou... humilhou... arrasou a pedra. Mas... a pedra permaneceu intacta... imóvel...

– Mestre, a pedra não se manifestou, e nem podia!

– Agora pegue sua espada– disse o mestre, vá até a pedra e trave uma luta com ela.

O discípulo foi... e voltou com sua espada toda quebrada da luta. A pedra permanecia intacta no seu lugar.

– É isto – disse o mestre. – Devemos ser como essa pedra...

Não devo levar em conta, nem me abater e nem responder as calúnias e difamações. Devo ser superior a tudo isso... Nada do que disserem de ti te fará melhor ou pior, diante dos olhos de Deus.

• **44** •
Verdadeira grandeza

Há muitos anos uma professora na Inglaterra pediu à sua classe que fizesse uma composição sob o tema "A verdadeira grandeza". Entre os estudantes havia uma menina de família pobre, sem cultura, e assim a mestra não esperava que ela escrevesse nada excepcional sobre o assunto.

No entanto, o que a menina escreveu impressionou-a tanto que ela enviou o trabalho ao jornal local para ser publicado. O artigo logo suscitou notável interesse. Jornais em todo país publicaram e republicaram o que essa jovenzinha escrevera. Ninguém mais se lembra do seu nome. Mas o que ela escreveu continua sendo verdade até nossos dias. Eis aqui alguns parágrafos:

"Uma pessoa jamais consegue a verdadeira grandeza esforçando-se por obtê-la. Você a alcança quando não a procura. É bom andar bem-vestido. Dessa maneira é mais fácil impor respeito, mas é um sinal de verdadeira grandeza quando você, apesar de pobremente trajado, consegue o mesmo resultado."

"Quando mamãe era criança, havia um passarinho em sua casa chamado Guilherme, o qual quebrou a perna. Eles pensaram que teriam de matá-lo, mas na manhã seguinte encontraram-no apoiado sobre a perna boa, cantando. Aquilo era verdadeira grandeza."

"Certa vez havia uma mulher que lavava muita roupa e dependurava no varal. O varal quebrou. Mas ela, sem dizer uma palavra, lavou-a toda novamente e desta vez a estendeu sobre a grama, de onde não poderia cair. Mas naquela noite um cachorro passou por cima das roupas, deixando as marcas das patas enlameadas. Quando ela viu o que acontecera, sentou-se e não chorou nem um pouco. Tudo o que disse foi: 'Não é interessante que o cão não tenha deixado uma peça sem suas marcas?' Aquilo era verdadeira grandeza, mas só os que lavam roupa sabem disso."

IV

Escolhas e responsabilidades

*Você é livre para fazer suas escolhas,
mas é prisioneiro das consequências.*

Pablo Neruda

Assumir para si mesmo a responsabilidade pelo sucesso ou fracasso, pelos erros e acertos, é tarefa que revela não apenas maturidade, mas força de caráter também. Muitas vezes, como professora, presenciei filhos jogando para os pais toda a culpa por uma atividade não realizada ou pelo esquecimento da data de uma prova importante. Fico atônita como isso acontece. Muitos pais aceitam mais esse fardo e perdem excelente oportunidade de educar seus filhos para assumirem a responsabilidade por suas escolhas e seus atos.

Ser responsável envolve também saber o que é mais importante e estabelecer, assim, uma lista de prioridades. O aluno que passa a noite em claro em jogos online, por exemplo, não está priorizando a aula que terá na manhã seguinte, quando chegará à escola sonolento. Entretanto, essas coisas "chatas" ou, pelo menos, menos interessantes, fazem parte das pequenas escolhas diárias que temos que fazer, das responsabilidades que nos moldam diariamente.

Muitas pessoas esquecem que toda escolha traz consigo uma consequência, e a grande mestra, a vida, repete suas lições pacientemente até que aprendamos isso.

Nessa seleção de histórias encontramos reflexões acerca do estabelecimento de prioridades, melhor aproveitamento das oportunidades e aumento da capacidade de assumir a responsabilidade pessoal pelas escolhas feitas. Isso é especialmente importante para que os alunos reflitam acerca das falácias dos ganhos fáceis ou atalhos para o sucesso e evitem se desviar da rota do sucesso que é repleta de trabalho árduo, dedicação e comprometimento em um exercício de escolha constante.

Assim, neste tópico estão reunidas histórias que falam sobre a honestidade, a lei da colheita (afinal, não podemos colher o que não plantamos), a busca por abrir espaço em nossas vidas para o que é importante em primeiro lugar, aprendizagem com os erros, necessidade de sermos mais proativos e responsáveis por nossas escolhas, sejam elas boas ou más. Afinal, como resume bem uma das histórias: a vida é apenas um eco, devolvendo tudo o que dizemos ou fazemos.

• 45 •
A espada de Dâmocles

Havia uma vez um rei chamado Dioniso que governava Siracusa, a cidade mais rica da Sicília. Vivia em um belo palácio, onde havia muitas coisas belas e caras, e um numeroso grupo de empregados que estavam sempre prontos para servir. Naturalmente, por causa da riqueza e do poder de Dioniso, muitos em Siracusa invejavam sua fortuna. Dâmocles era um destes. Era um dos melhores amigos de Dioniso, e estava sempre a lhe dizer:

– Como você é afortunado! Você tem tudo que qualquer um poderia desejar. Você deve ser o homem mais feliz do mundo!

Um dia Dioniso amanheceu cansado de ouvir tal conversa.

– Venha aqui – disse. – Você realmente acredita que eu sou o homem mais feliz do que todos?

– Mas é claro que você é! – Dâmocles respondeu. – Veja os tesouros que você possui e o poder que você detém. Você não tem uma única preocupação. Como a sua vida poderia ainda melhorar?

– Imagino que você ficaria satisfeito ao trocar de lugar comigo – disse Dioniso.

– Oh, isso seria um sonho – responde Dâmocles. – Se eu pudesse ter suas riquezas e prazeres por somente um dia, seria a maior felicidade de minha vida!

– Muito bem. Troquemos os lugares por apenas um dia.

E assim, no dia seguinte, Dâmocles foi conduzido ao palácio, e todos os empregados foram instruídos para tratá--lo como seu mestre. Vestiram-no com vestes reais e colocaram-lhe uma coroa de ouro. Sentou-se à mesa no salão de banquetes e fartos alimentos foram-lhe ofertados. Havia vinhos caros, flores bonitas, perfumes raros e uma música deliciosa. Descansou-se entre macias almofadas e sentia-se o homem mais feliz em todo o mundo.

– Ah! Isso é que é vida! – ele afirmou a Dioniso, que se sentou no extremo oposto da grande mesa – Eu nunca me imaginei feliz assim.

E quando levou um copo aos lábios, levantou seus olhos para o teto. O que é isso pendurado acima dele, quase tocando em sua cabeça?

Dâmocles endureceu-se. O sorriso desvaneceu-se de seus lábios, e sua face empalideceu. Suas mãos tremeram. Não quis mais comida, nem vinho, nem música. Queria somente sair do palácio. Pois diretamente acima de sua cabeça havia uma espada pendurada, presa ao teto somente por um único fio de cabelo. Sua lâmina afiada resplandecia apontada para entre seus olhos. Congelou-se sobre a sua cadeira.

– Qual o problema, meu amigo? – perguntou Dioniso. – Você parece ter perdido o apetite.

– Essa espada! Essa espada! – Dâmocles sussurrou. – Você não a vê?

– Naturalmente eu a vejo – respondeu Dioniso. – Eu a vejo a cada dia. Sempre pendurada sobre minha cabeça, e há sempre a possibilidade de alguém ou alguma coisa cortar a fina linha. Talvez um de meus próprios conselheiros passe a ter inveja de meu poder e tentará matar-me. Ou alguém pode espalhar mentiras sobre mim, para virar todo o povo contra mim. Pode ser que um reino vizinho envie um exército para conquistar este trono. Ou eu posso tomar uma decisão estúpida que trouxesse minha queda. Se você quiser ser um líder, você deve estar disposto a aceitar estes riscos. Vêm com o poder. Você entende?

– Sim, eu entendo – foi a resposta de Dâmocles. – Eu vejo agora que eu estava errado, e que você tem muito a pensar além de sua riqueza e fama. Tome de volta o seu lugar e deixe-me ir de volta para a minha própria casa.

E por muito tempo, enquanto viveu, Dâmocles nunca quis outra vez mudar os lugares com o rei.

• 46 •
A flor da honestidade

Por volta do ano 250 a.C., na China antiga, um certo príncipe da região de Thing-Zda, norte do país, estava às vésperas de ser coroado imperador. Mas, de acordo com a lei, ele deveria se casar. Sabendo disso, ele resolveu fazer uma "disputa" entre as moças da corte ou quem quer que se achasse digna de sua auspiciosa proposta.

No dia seguinte o príncipe anunciou que receberia, numa celebração especial, todas as pretendentes e lançaria um desafio. Uma velha senhora, serva do palácio há muitos anos, ouvindo os comentários sobre os preparativos, sentiu uma leve tristeza, pois sabia que sua jovem filha nutria um sentimento de profundo amor pelo príncipe.

Ao chegar em casa e relatar o fato à jovem, espantou-se ao ouvir que ela pretenderia ir à celebração, e indagou incrédula:

– Minha filha, o que achas que fará lá? Estarão presentes todas as mais belas e ricas moças da corte. Tire esta ideia insensata da cabeça, eu sei que você deve estar sofrendo, mas não torne o sofrimento uma loucura.

E a filha respondeu:

– Não, querida mãe, não estou sofrendo e muito menos louca, eu sei que jamais poderei ser a escolhida, mas é minha oportunidade de ficar pelo menos alguns momentos perto do príncipe, isto já me torna feliz, pois sei que meu destino é outro.

À noite a jovem chegou ao palácio. Lá estavam, de fato, todas as mais belas moças, com as mais belas roupas, com as mais belas joias e com as mais determinadas intenções. Então, finalmente, o príncipe anunciou o desafio:

– Darei para cada uma de vocês uma semente. Aquela que, dentro de seis meses, me trouxer a mais bela flor, será escolhida minha esposa e futura imperatriz da China.

A proposta do príncipe não fugiu às profundas tradições daquele povo, que valorizavam muito a especialidade de "cultivar" algo como costumes, amizades, relacionamentos etc.

O tempo passou e a doce jovem, como não tinha muita habilidade nas artes da jardinagem, cuidava com muita paciência e ternura, pois sabia que se a beleza das flores surgisse na mesma extensão de seu amor, ela não precisava se preocupar com o resultado.

Passaram-se três meses e nada surgiu. A jovem de tudo tentara, usara de todos os métodos que conhecia, mas nada havia nascido. E dia a dia ela percebia cada vez mais longe o seu sonho, mas cada vez mais profundo o seu amor.

Por fim, os seis meses haviam passado e nada ela havia cultivado, e, consciente do seu esforço e dedicação, comunicou a sua mãe que, independente das circunstâncias, retornaria ao palácio, na data e hora combinadas, pois não pretendia nada além do que mais alguns momentos na companhia do príncipe.

Na hora marcada estava lá, com seu vaso vazio, bem como todas as pretendentes, cada uma com uma flor mais bela do que a outra, de todas as mais variadas formas e cores. Ela estava absorta, nunca havia presenciado tão bela cena. E finalmente chega o momento esperado, o príncipe chega e observa cada uma das pretendentes com muito cuidado e atenção, e após passar por todas, uma a uma, ele anuncia o resultado e indica a bela jovem como sua futura esposa.

As pessoas presentes tiveram as mais inusitadas reações, ninguém compreendeu por que ele havia escolhido justamente aquela que nada havia cultivado. Então, calmamente, ele esclareceu:

– Essa foi a única que cultivou a flor que a tornou digna de se tornar uma imperatriz: a flor da honestidade. Pois todas as sementes que entreguei eram estéreis.

• 47 •
A gente colhe o que planta

Um dia um pobre fazendeiro escocês, enquanto trabalhava para ganhar a vida e o sustento para sua família, ouviu um pedido desesperado de socorro vindo de um pântano nas proximidades. Largou suas ferramentas e correu para o local. Lá chegando, enlameado até a cintura de uma lama negra, encontrou um menino gritando e tentando se safar da morte. O fazendeiro salvou o rapaz de uma morte lenta e terrível.

No dia seguinte, uma carruagem riquíssima chega à humilde casa do escocês. Um nobre elegantemente vestido sai e se apresenta como o pai do menino que o fazendeiro tinha salvado.

– Eu quero recompensá-lo – disse o nobre. – Você salvou a vida do meu filho.

– Não, eu não posso aceitar pagamento para o que eu fiz – responde o fazendeiro escocês, recusando a oferta.

Naquele momento, o filho do fazendeiro veio à porta do casebre.

– É seu filho? – perguntou o nobre.

– Sim – o fazendeiro respondeu orgulhosamente.

– Eu lhe farei uma proposta: Deixe-me levá-lo e dar-lhe uma boa educação. Se o rapaz for como seu pai, ele crescerá e será um homem do qual você terá muito orgulho.

E foi o que ele fez. Tempos depois, o filho do fazendeiro se formou no St. Mary's Hospital Medical School de Londres, ficou conhecido no mundo como o notável Senhor Alexander Fleming, o descobridor da penicilina.

Anos depois, o filho do nobre estava doente com pneumonia. O que o salvou? A penicilina.

O nome do nobre? Senhor Randolph Churchill.

O nome do filho dele? Senhor Winston Churchill.

Alguém disse uma vez que a gente colhe o que a gente planta...

• 48 •

A porta negra

Há algumas gerações, durante uma das mais turbulentas guerras no Oriente Médio, um general persa capturou um espião e o condenou à morte.

O general, um homem de grande inteligência e compaixão, havia adotado um estranho costume em tais casos. Ele permitia ao condenado que escolhesse entre duas alternativas: o prisioneiro podia enfrentar um pelotão de fuzilamento, ou podia atravessar a "Porta Negra".

Um pouco antes da execução, o general ordenava que trouxessem o espião à sua presença para uma breve e final entrevista, sendo seu principal objetivo saber qual seria sua resposta: o pelotão de fuzilamento ou a "Porta Negra".

Esta não era uma decisão fácil e o prisioneiro vacilava e preferia invariavelmente o pelotão ao DESCONHECIDO e aos espantosos horrores que poderiam estar por detrás da tenebrosa e misteriosa "Porta Negra". Momentos após se escutava o rajar das balas que davam cumprimento à sentença.

O general da nossa história, com os olhos fixos em suas bem polidas botas, voltava-se para o seu ajudante de ordens e dizia:

– Eis ali o que é o homem, prefere o mal conhecido ao desconhecido. É uma característica dos humanos temer o incerto. Você vê, eu disse a ele para escolher.

– Afinal, o que existe atrás da "Porta Negra"? – perguntou seu ajudante de ordens.

– LIBERDADE – respondeu o general. – E poucos têm sido os homens que tiveram o valor de decidir-se por ela...

• 49 •
A raiz dos erros

Um feiticeiro africano conduz seu aprendiz pela floresta. Embora mais velho, caminha com agilidade, enquanto seu aprendiz escorrega e cai a todo instante. O aprendiz blasfema, levanta-se, cospe no chão traiçoeiro, e continua a acompanhar seu mestre.

Depois de longa caminhada, chegam a um lugar sagrado. Sem parar, o feiticeiro dá meia-volta e começa a viagem de volta.

– Você não me ensinou nada hoje – diz o aprendiz, levando mais um tombo.

– Ensinei sim, mas você parece que não aprende – responde o feiticeiro.

– Estou tentando lhe ensinar como se lida com os erros da vida.

– E como lidar com eles?

– Como deveria lidar com seus tombos – responde o feiticeiro. – Em vez de ficar amaldiçoando o lugar onde caiu, devia procurar aquilo que te fez escorregar.

Devemos procurar a raiz de nossos erros e levantarmos com sabedoria e força.

• 50 •
Cuida do mais importante

Era uma vez o jovem que recebeu do rei a tarefa de levar uma mensagem e alguns diamantes a um outro rei de uma terra distante. Recebeu também o melhor cavalo do reino para levá-lo na jornada.

– Cuida do mais importante e cumprirás a missão! – disse o soberano ao se despedir.

Assim, o jovem preparou o seu alforje, escondeu a mensagem na bainha da calça e colocou as pedras numa bolsa de couro amarrada à cintura, sob as vestes. Pela manhã, bem cedo, sumiu no horizonte. E não pensava sequer em falhar. Queria que todo o reino soubesse que era um nobre e valente rapaz, pronto para desposar a princesa.

Aliás, esse era o seu sonho e parecia que a princesa correspondia às suas esperanças.

Para cumprir rapidamente sua tarefa, por vezes deixava a estrada e pegava atalhos que sacrificavam sua montaria. Assim, exigia o máximo do animal.

Quando parava em uma estalagem, deixava o cavalo ao relento, não lhe aliviava da sela e nem da carga, tampouco se preocupava em dar-lhe de beber ou providenciar alguma ração.

– Assim, meu jovem, acabas perdendo o animal – disse alguém.

– Não me importo, respondeu ele. Tenho dinheiro. Se este morrer, compro outro. Nenhuma falta fará!

Com o passar dos dias e sob tamanho esforço, o pobre animal, não suportando mais os maus-tratos, caiu morto na estrada.

O jovem simplesmente o amaldiçoou e seguiu o caminho a pé. Acontece que nessa parte do país havia poucas fazendas e eram muito distantes umas das outras. Passadas algumas horas, ele se deu conta da falta que lhe fazia o animal.

Estava exausto e sedento. Já havia deixado pelo caminho toda a tralha, com exceção das pedras, pois se lembrava da recomendação do rei: "Cuida do mais importante!"

Seu passo se tornou curto e lento. As paradas, frequentes e longas.

Como sabia que poderia cair a qualquer momento e temendo ser assaltado, escondeu as pedras no salto de sua bota. Mais tarde, caiu exausto no pó da estrada, onde ficou desacordado.

Para sua sorte, uma caravana de mercadores que seguia viagem para o seu reino o encontrou e cuidou dele. Ao recobrar os sentidos, encontrou-se de volta em sua cidade.

Imediatamente foi ter com o rei para contar o que havia acontecido e, com a maior desfaçatez, colocou toda a culpa do insucesso nas costas do cavalo "fraco e doente" que recebera.

– Porém, majestade, conforme me recomendaste, "cuida do mais importante", aqui estão as pedras que me confiaste. Devolvo-as a ti. Não perdi uma sequer.

O rei as recebeu de suas mãos com tristeza e o despediu, mostrando completa frieza diante de seus argumentos.

Abatido, o jovem deixou o palácio arrasado.

Em casa, ao tirar a roupa suja, encontrou na bainha da calça a mensagem do rei, que dizia: "Ao meu irmão, rei da terra do Norte! O jovem que te envio é candidato a casar com minha filha. Esta jornada é uma prova. Dei a ele alguns diamantes e um bom cavalo. Recomendei que cuidasse do mais importante. Faz-me, portanto, este grande favor e verifica o estado do cavalo. Se o animal estiver forte e viçoso, saberei que o jovem aprecia a fidelidade e força de quem o auxilia na jornada. Se, porém, perder o animal e apenas guardar as pedras, não será um bom marido nem rei, pois terá olhos apenas para o tesouro do reino e não dará importância à rainha nem àqueles que o servem".

• 51 •
Espaço em nossas vidas

Um professor de Ciências de um colégio queria demonstrar um conceito aos seus alunos. Ele pegou um vaso de boca larga e colocou algumas pedras dentro. Então perguntou à classe:

– Está cheio?

Unanimemente responderam:

– Sim!

O professor então pegou um balde de pedregulhos e virou dentro do vaso. Os pequenos pedregulhos se alojaram nos espaços entre as rochas grandes. Então perguntou aos alunos:

– E agora, está cheio?

Desta vez alguns estavam hesitantes, mas a maioria respondeu:

– Sim!

O professor então levantou uma lata de areia e começou a derramar a areia dentro do vaso. A areia então preencheu os espaços entre os pedregulhos. Pela terceira vez o professor perguntou:

– Então, está cheio?

Agora a maioria dos alunos estava receosa, mas novamente muitos responderam:

– Sim!

O professor então mandou buscar um jarro de água e jogou-a dentro do vaso. A água saturou a areia. Neste ponto, o professor perguntou para a classe:

– Qual o objetivo desta demonstração?

Um jovem e brilhante aluno levantou a mão e respondeu:

– Não importa o quanto a "agenda" da vida de alguém esteja cheia, ele sempre conseguirá "espremer" dentro mais coisas!

– Não – respondeu o professor – o ponto é o seguinte: "A menos que você coloque as pedras grandes em primeiro lugar dentro do vaso, nunca mais as conseguirá colocar lá dentro. As pedras grandes são as coisas importantes de sua vida: sua família, seus amigos, seu crescimento pessoal e profissional. Se você preencher sua vida somente com coisas pequenas, como demonstrei com os pedregulhos, com a areia e a água, as coisas realmente importantes nunca terão tempo nem espaço em suas vidas".

• 52 •
Floresça onde for plantado

Ela era uma jovem das famílias mais ricas de Los Angeles. Prestes a se casar, seu noivo foi convocado para o Vietnã. Antes, deveria passar por um treinamento de um mês.

Enamorada, ela optou por antecipar o casamento e partir com ele. Ao menos poderia passar o mês do treinamento próximo dele, antes de sua partida para terras tão longínquas e perigosas.

Próximo à base do deserto da Califórnia, onde se daria o treinamento, havia uma aldeia abandonada de índios Navajo e uma das cabanas foi especialmente preparada para receber o casal.

O primeiro dia foi de felicidade. Ele chegou cansado, queimado pelo sol de até 45^0. Ela o ajudou a tirar a farda e deitar-se. Foi romântico e maravilhoso.

Ao final da semana estava infeliz e, ao fim de dez dias, estava entrando em desespero.

O marido chegava exausto do treinamento que começava às cinco horas da manhã e terminava às dez horas da noite. Ela era viúva de um homem vivo, sempre exaurido.

Escreveu para a mãe, dizendo que não aguentava mais e perguntando se deveria abandoná-lo.

Alguns dias depois, recebeu a resposta. A velha senhora, de muito bom-senso, enviou-lhe uma quadrinha em versos livres que dizia mais ou menos assim: "Dois homens viviam em uma cela de uma imunda prisão. Um deles olhava para o alto e enxergava estrelas. O outro olhava para baixo e somente via lama. Abraços. Mamãe".

A jovem entendeu. Ela e o marido estavam em uma cela, cada um a seu modo. Ver as estrelas ou contemplar a lama era sua opção.

Pela primeira vez, em vinte dias de vida no deserto, ela saiu para conhecer os arredores.

Logo adiante surpreendeu-se com a beleza de uma concha de caracol. Ela conhecia conchas da praia, mas aquelas eram diferentes, belíssimas. Quando seu marido chegou naquela noite, quase que ela nem o percebeu tão aplicada estava em separar e classificar as conchas que recolhera durante todo o dia.

Quando terminou o treinamento e ele foi para a guerra, ela decidiu permanecer ali mesmo. Descobrira que o deserto era um mar de belezas.

De seus estudos e pesquisas resultou um livro que é considerado a obra mais completa acerca de conchas marinhas, porque o deserto da Califórnia um dia foi fundo de mar e é um imenso depósito de fósseis e riquezas minerais.

Mais tarde, com o retorno do esposo do Vietnã, ela voltou a Los Angeles com a vida enriquecida por experiências salutares. Tudo porque ela aprendera a florescer onde Deus a colocara.

• 53 •
Inocentes prisioneiros

O sábio Rei Weng pediu para visitar a prisão de seu palácio. E começou a escutar as queixas dos presos.

– Sou inocente – dizia um acusado de homicídio –, vim para cá porque quis assustar minha mulher, e sem querer a matei.

Outro dizia:

– Me acusaram de suborno, mas tudo que fiz foi aceitar um presente que me ofereciam.

Todos os presos clamaram inocência ao Rei Weng. Até que um deles, um rapaz de pouco mais de vinte anos, disse:

– Sou culpado. Feri meu irmão numa briga e mereço o castigo. Este lugar me faz refletir sobre o mal que causei.

O rei imediatamente chamou os guardas e ordenou:

– Expulsem este criminoso da prisão imediatamente! Com tantos inocentes aqui ele terminará por corrompê-los!

• 54 •
Morte na empresa

Certa vez uma empresa estava em situação muito difícil. As vendas iam mal, os trabalhadores estavam desmotivados, os balanços há meses não saíam do vermelho. Era preciso fazer algo para reverter o caos, mas ninguém queria assumir nada.

Pelo contrário, o pessoal apenas reclamava que as coisas andavam ruins e que não havia perspectivas de progresso na empresa. Eles achavam que alguém devia tomar a iniciativa de reverter aquele processo.

Um dia, quando os funcionários chegaram para trabalhar, encontraram na portaria um cartaz enorme no qual estava escrito: "Faleceu ontem a pessoa que impedia o seu crescimento e o da empresa. Você está convidado para o velório na quadra de esportes".

No início, todos se entristeceram com a morte de alguém, mas, depois de algum tempo, ficaram curiosos para saber quem estava bloqueando o crescimento da empresa. A agitação na quadra de esporte era tão grande que foi preciso chamar os seguranças para organizar a fila do velório. Conforme as pessoas iam se aproximando do caixão, a excitação aumentava: "Quem será que estava atrapalhando meu progresso? Ainda bem que esse infeliz morreu!"

Um a um, os funcionários, agitados, aproximavam-se do caixão, olhavam o defunto e engoliam em seco. Ficavam no mais absoluto silêncio, como se tivessem sido atingidos no fundo da alma, e saíam cabisbaixos.

Pois bem! Certamente você já adivinhou que no visor do caixão havia um ESPELHO.

Só existe uma pessoa capaz de limitar seu crescimento: você mesmo!

É muito fácil culpar os outros pelos problemas, mas você já parou para pensar se você mesmo poderia ter feito algo para mudar a situação? Você é o único responsável por sua vida. Ela foi entregue a você por Deus, e você terá que prestar contas do que fez com ela no final da sua existência.

O que você está fazendo com a sua vida?

· 55 ·
Naufrágio

Um capitão ainda bastante jovem tinha acabado de se formar na escola de oficiais da Marinha e estava servindo num grande navio de guerra: a nau capitânia.

Sua frota estava fazendo exercícios num arquipélago, em meio a milhares de ilhas. Eles já estavam chegando ao final do dia, o tempo estava péssimo, com névoa densa e a visibilidade muito ruim. Essa nau capitânia transportava o almirante que estava comandando os exercícios e o oficial que estava servindo no posto de comando.

Num certo momento o vigia contou para o comandante que havia uma luz piscando do lado direito. O comandante perguntou se a luz estava constante ou em movimento. Se tivesse constante, estaria numa rota de colisão com o navio. O vigia confirmou que a luz estava parada e num curso de colisão.

O comandante mandou uma mensagem diretamente para o suposto navio informando que estava num curso de colisão e que seria necessário mudar o curso em 20°, imediatamente.

A seguinte mensagem voltou: "É melhor vocês mudarem seu percurso imediatamente".

O capitão pensou que a tripulação do outro navio não sabia quem ele era e transmitiu outra mensagem: "Eu sou um capitão, favor mude seu percurso em 20°".

Voltou uma outra mensagem: "Eu sou marinheiro de segunda classe, favor mude seu percurso, senhor".

O comandante ficou enfurecido e enviou sua mensagem final: "Somos a nau capitânia da frota. Não podemos manobrar tão rápido. Mude seu percurso imediatamente em 20°. Isto é uma ordem!"

Então foi esta mensagem que retornou: "Senhor, somos um farol".

Só quando entendeu o que estava acontecendo, o comandante mudou de curso.

• 56 •

O amuleto

Um granjeiro pediu certa vez a um sábio que o ajudasse a melhorar sua granja, que tinha baixo rendimento. O sábio escreveu algo em um pedaço de papel e colocou em uma caixa, que fechou e entregou ao granjeiro, dizendo: "Leva esta caixa por todos os lados da sua granja, três vezes ao dia, durante um ano".

Assim fez o granjeiro. Pela manhã, ao ir ao campo segurando a caixa, encontrou um empregado dormindo, quando deveria estar trabalhando. Acordou-o e chamou sua atenção. Ao meio-dia, quando foi ao estábulo, encontrou o gado sujo e os cavalos sem alimentar. E à noite, indo à cozinha com a caixa, deu-se conta de que o cozinheiro estava desperdiçando os gêneros.

A partir daí, todos os dias ao percorrer sua granja, de um lado para o outro, com seu amuleto, encontrava coisas que deveriam ser corrigidas.

Ao final do ano, voltou a encontrar o sábio e lhe disse:

– Deixa esta caixa comigo por mais um ano; minha granja melhorou o rendimento desde que estou com o amuleto.

O sábio riu e, abrindo a caixa, disse:

– Podes ter este amuleto pelo resto da sua vida.

No papel havia escrito a seguinte frase: "Se queres que as coisas melhorem deves acompanhá-las constantemente".

• 57 •
O camelo

Certo dia caminhavam pelo deserto um homem e um camelo. Ao cair da noite, o homem montou uma tenda para poder descansar, mas, como estava muito vento, o camelo pediu ao seu dono se podia apenas pôr uma pata dentro da tenda. O homem aceitou, visto ser apenas uma pata. Passados uns minutos, o camelo volta novamente a pedir ao seu dono que lhe deixe colocar a sua outra pata dentro da tenda, para que assim pudesse sentir-se mais quente. O dono, pensando que não haveria mal, aceitou e a cena repetiu-se várias vezes, colocando o nariz, seu tronco e cabeça, acabando por ficar com todo o seu corpo dentro da tenda. Devido ao tamanho do camelo, os dois não conseguiram ficar dentro da tenda, acabando assim o homem do lado de fora, no frio.

• 58 •
O coelho e o cachorro

Eram dois vizinhos. O primeiro vizinho comprou um coelhinho para os filhos. Os filhos do outro vizinho pediram um bicho para o pai. O homem comprou um pastor alemão. Papo de vizinho:

– Mas ele vai comer o meu coelho.

– De jeito nenhum. Imagina. O meu pastor é filhote. Vão crescer juntos, pegar amizade. Entendo de bicho. Problema nenhum.

E parece que o dono do cachorro tinha razão. Juntos cresceram e amigos ficaram. Era normal ver o coelho no quintal do cachorro e vice-versa. As crianças, felizes.

Eis que o dono do coelho foi passar o final de semana na praia com a família e o coelho ficou sozinho. Isso na sexta-feira.

No domingo, de tardinha, o dono do cachorro e a família tomavam um lanche, quando entra o pastor alemão na cozinha. Pasmo. Trazia o coelho entre os dentes, todo imundo, arrebentado, sujo de terra e, claro, morto.

Quase mataram o cachorro.

– O vizinho estava certo. E agora!?

– E agora eu quero ver!

A primeira providência foi bater no cachorro, escorraçar o animal, para ver se ele aprendia um mínimo de civilidade e boa vizinhança. Claro, só podia dar nisso. Mais algumas horas e os vizinhos iam chegar. E agora? Todos se olhavam. O cachorro chorando lá fora, lambendo as pancadas.

– Já pensaram como vão ficar as crianças?

– Cala a boca!

Não se sabe exatamente de quem foi a ideia, mas era infalível.

– Vamos dar um banho no coelho, deixar ele bem limpinho, depois a gente seca com o secador da sua mãe e o colocamos na casinha dele no quintal.

Como o coelho não estava muito estraçalhado, assim fizeram. Até perfume colocaram no falecido. "Ficou lindo, parecia vivo", diziam as crianças.

E lá foi colocado, com as perninhas cruzadas, como convém a um coelho cardíaco. Umas três horas depois eles ouvem a vizinhança chegar. Notam os gritos das crianças. Descobriram! Não deram cinco minutos e o dono do coelho veio bater à porta. Branco, assustado.

Parecia que tinha visto um fantasma.

– O que foi? Que cara é essa?

– O coelho... O coelho...

– O que que tem o coelho?

– Morreu!

Todos:

– Morreu? Ainda hoje à tarde parecia tão bem...

– Morreu na sexta-feira!

– Na sexta?

– Foi. Antes de a gente viajar, as crianças enterraram ele no fundo do quintal!

• 59 •
O eco e a vida

Um filho e seu pai caminhavam pelas montanhas.

De repente seu filho cai, machuca e grita:

– Aaaii!!!

Para sua surpresa escuta a voz se repetir, em algum lugar da montanha:

– Aaaii!!!

Curioso, pergunta:

– Quem é você???

Recebe como resposta:

– Quem é você???

Contrariado, grita:

– Seu covarde!!!

Escuta como resposta:

– Seu covarde!!!

Olha para o pai e pergunta aflito:

– O que é isso?

O pai sorri e fala:

– Meu filho, preste atenção.

Então o pai grita em direção à montanha:

– Eu admiro você!

A voz responde:

– Eu admiro você!

De novo o homem grita:

– Você é um campeão!

A voz responde:

– Você é um campeão!

O menino fica espantado, não entende.

Então o pai explica:

– As pessoas chamam isso de ECO, mas na verdade isso é a vida. Ela lhe dá de volta tudo o que você diz ou faz.

• 60 •
Um difícil problema

Um grande sábio possuía três filhos jovens, inteligentes e consagrados à sabedoria. Em certa manhã eles altercavam a propósito do obstáculo mais difícil de vencer no grande caminho da vida. No auge da discussão, prevendo talvez consequências desagradáveis, o genitor benevolente chamou-os a si e confiou-lhes curiosa tarefa. Iriam os três ao palácio do governante, conduzindo algumas dádivas que muito lhes honrariam o espírito de cordialidade e gentileza.

O primeiro seria o portador de rico vaso de argila preciosa. O segundo levaria uma corça rara. O terceiro transportaria um bolo primoroso da família.

O trio fraterno recebeu a missão com entusiástica promessa de serviço para a pequena viagem de três milhas; no entanto, a meio do caminho, principiaram a discutir.

O depositário do vaso não concordou com a maneira pela qual o irmão puxava a corça delicada, e o responsável pelo animal dava instruções ao carregador do bolo, a fim de que não tropeçasse, perdendo o manjar. Este último aconselhava o portador do vaso valioso, para que não caísse.

O pequeno séquito seguia, estrada afora, dificilmente, entretanto cada viajante permanecia atento às obrigações que diziam respeito aos outros, através de observações acaloradas e incessantes.

Em dado momento, o irmão que conduzia o animalzinho tentou consertar a posição da peça de argila nos braços do companheiro, e o vaso, com as inquietações de ambos, escorrega, de súbito, para espatifar-se no cascalho poeirento. Com o choque, o distraído orientador da corça perde o governo do animal, que foge espantado, abrigando-se em floresta próxima.

O carregador do bolo avança para sustar-lhe a fuga, internando-se pelo mato adentro, e o conteúdo da prateada bandeja se perde totalmente no chão.

Desapontados e irritados, os três rapazes tornam à presença paterna, apresentando cada qual a sua queixa e a sua derrota.

O sábio, porém, sorriu e explicou-lhes:

— Aproveitem o ensinamento da estrada. Se cada um de vocês estivesse vigilante na própria tarefa, não colheriam as sombras do fracasso. O mais intrincado problema do mundo, meus filhos, é o de cada homem cuidar dos próprios negócios, sem intrometer-se nas atividades alheias. Enquanto cogitamos de responsabilidades que competem aos outros, as nossas viverão esquecidas.

• 61 •
Vá devagar

Conta-se uma história sobre uns americanos que estavam viajando pela África. Ainda no porto, empregaram um grupo de nativos e foram logo avisando que tinham muita pressa.

No primeiro dia, embrenharam-se rapidamente pela selva adentro. Continuaram nesse ritmo implacável durante o segundo dia. Na terceira manhã, quando se preparavam para mais um dia de viagem rápida, depararam-se com os africanos recostados pelas árvores, recusando-se a dar um passo. Quando os americanos, atônitos e desorientados, perguntaram-lhes por que não queriam ir em frente, disseram apenas: "Temos que descansar hoje para que nossas almas alcancem nossos corpos".

V

INCLUSÃO E RESPEITO ÀS DIFERENÇAS

Inclusão é o processo de trazer para o nosso mundo pessoas que, de alguma maneira, foram retiradas dele.

Nara Juscely Minervino de Carvalho Marcelino

Muito se tem discutido acerca da educação inclusiva atualmente, e creio que os alunos de hoje têm muito mais oportunidades de conviver com a diferença do que meus colegas e eu tivemos na nossa época de escola. Cada vez mais vivemos em uma grande aldeia global, com diferentes culturas, religiões e personalidades. Entretanto, às vezes esse exercício da verdadeira inclusão e respeito às diferenças não é tão fácil na prática. Muitas vezes, aquele que é "o diferente" sofre *bullying* nas escolas ou simplesmente é deixado de lado pelo grupo.

Talvez nossos alunos não apresentem necessidades especiais, como baixa visão, surdez ou dificuldades motoras. Mas, ainda assim, há alunos que se sentem diferentes e excluídos. É bom que saibam que não há problemas em sentirem-se assim e que não estão sozinhos.

Por outro lado, é bom que nosso discurso e prática constantes façam de nossas escolas e salas de aula verdadeiramente inclusivas, onde toda essa diversidade – tanto no que diz respeito a personalidades distintas, necessidades especiais a serem atendidas, crenças religiosas diversas, entre uma multiplicidade de outras diferenças – possam conviver de forma harmoniosa e respeitosa.

Na seleção de histórias deste tópico, os alunos poderão perceber que existe valor em suas singularidades, que é impossível alguém saber tudo ou ser melhor em todas as coisas. Além disso, poderão refletir acerca do conceito de beleza e sobre como aceitar as pessoas da maneira como cada um se apresenta.

Use-as quando sentir que pode haver *bullying* acontecendo na escola ou na sala, quando a turma receber um novo colega com alguma necessidade especial ou algum novo aluno oriundo de outra região do país, ou, ainda, simplesmente quando sentir que o assunto deva ser mais discutido em sua sala de aula.

• 62 •

A importância de ser você mesmo

Certo dia um samurai, que era um guerreiro muito orgulhoso, veio ver um mestre zen. Embora fosse muito famoso, ao olhar o mestre, sua beleza e o encanto daquele momento, o samurai sentiu-se repentinamente inferior.

Ele então disse ao mestre:

– Por que estou me sentindo inferior? Apenas um momento atrás, tudo estava bem. Quando aqui entrei, subitamente me senti inferior e jamais me sentira assim antes. Encarei a morte muitas vezes, mas nunca experimentei medo algum. Por que estou me sentindo assustado agora?

O mestre falou:

– Espere. Quando todos tiverem partido, responderei.

Durante todo o dia pessoas chegavam para ver o mestre, e o samurai estava ficando mais e mais cansado de esperar. Ao anoitecer, quando o quarto estava vazio, o samurai perguntou novamente:

– Agora você pode me responder por que me sinto inferior?

O mestre o levou para fora. Era uma noite de lua cheia e a lua estava justamente surgindo no horizonte. Ele disse:

– Olhe para estas duas árvores: a árvore alta e a árvore pequena ao seu lado. Ambas estiveram juntas ao lado de minha janela durante anos e nunca houve problema algum. A árvore menor jamais disse à maior: "Por que me sinto inferior diante de você? Esta árvore é pequena e aquela é grande – esse é o fato, e nunca ouvi sussurro algum sobre isso.

O samurai então argumentou:

– Isto se dá porque elas não podem se comparar.

E o mestre replicou:

– Então não precisa me perguntar. Você sabe a resposta. Quando você não compara, toda a inferioridade e superioridade desaparecem. Você é o que é, e simplesmente existe. Um pequeno arbusto ou uma grande e alta árvore, não importa, você é você mesmo.

Uma folhinha da relva é tão necessária quanto a maior das estrelas. O canto de um pássaro é tão necessário quanto qualquer buda, pois o mundo será menos rico se este canto desaparecer.

Simplesmente olhe à sua volta. Tudo é necessário e tudo se encaixa. É uma unidade orgânica: ninguém é mais alto ou mais baixo, ninguém é superior ou inferior. Cada um é incomparavelmente único. Você é necessário e basta. Na natureza, tamanho não é diferença. Tudo é expressão igual de vida!

• 63 •
Burro de carga

No tempo em que não havia automóveis, na cocheira de um famoso palácio real, um burro de carga curtia imensa amargura, em vista das pilhérias dos companheiros de apartamento.

Reparando-lhe o pelo maltratado, as fundas cicatrizes do lombo e a cabeça tristonha e humilde, aproximou-se um formoso cavalo árabe que se fizera detentor de muitos prêmios, e disse, orgulhoso:

– Triste sina a que recebeste! Não invejas minha posição em corridas? Sou acariciado por mãos de princesas e elogiado pelas palavras dos reis!

– Pudera! – exclamou um potro de fina origem inglesa. – Como conseguirá um burro entender o brilho das apostas e o gosto da caça?

O infortunado animal recebia os sarcasmos, resignadamente.

Outro soberbo cavalo, de procedência húngara, entrou no assunto e comentou:

– Há dez anos, quando me ausentei de pastagem vizinha, vi este miserável sofrendo rudemente nas mãos do bruto amansador. É tão covarde que não chegava a reagir, nem mesmo com um coice. Não nasceu senão para carga e pancadas. É vergonhoso suportar-lhe a companhia.

Nisso, um admirável jumento espanhol acercou-se do grupo, e acentuou sem piedade:

– Lastimo reconhecer neste burro um parente próximo. É animal desonrado, fraco, inútil, não sabe viver senão sob pesadas disciplinas. Ignora o aprumo da dignidade pessoal e desconhece o amor-próprio. Aceito os deveres que me competem até o justo limite; mas se me constrangem a ultrapassar as obrigações, recuso-me à obediência, pinoteio e sou capaz de matar.

As observações insultuosas não haviam terminado, quando o rei penetrou o recinto, em companhia do chefe das cavalariças.

– Preciso de um animal para serviço de grande responsabilidade – informou o monarca. – Um animal dócil e educado, que mereça absoluta confiança.

O empregado perguntou:

– Não prefere o árabe, Majestade?

– Não, não – falou o soberano. – É muito altivo e só serve para corridas em festejos oficiais sem maior importância.

– Não quer o potro inglês?

– De modo algum. É muito irrequieto e não vai além das extravagâncias da caça.

– Não deseja o húngaro?

– Não, não. É bravio, sem qualquer educação. É apenas um pastor de rebanho.

– O jumento espanhol serviria? – insistiu o servidor atencioso.

– De maneira nenhuma. É manhoso e não merece confiança.

Decorridos alguns instantes de silêncio, o soberano indagou:

– Onde está meu burro de carga?

O chefe das cocheiras indicou-o, entre os demais.

O próprio rei puxou-o carinhosamente para fora, mandou ajaezá-lo com as armas resplandecentes de sua Casa e confiou-lhe o filho ainda criança, para longa viagem. E ficou tranquilo, sabendo que poderia colocar toda a sua confiança naquele animal...

Assim também acontece na vida. Em todas as ocasiões, temos sempre grande número de amigos, de conhecidos e companheiros, mas somente nos prestam serviços de utilidade real aqueles que já aprenderam a servir, sem pensar em si mesmos.

• 64 •

Cachorrinho

Diante de uma vitrine atrativa, um menino pergunta o preço dos filhotes à venda.

– Entre 30 e 50 dólares – respondeu o dono da loja.

O menino puxou uns trocados do bolso e disse: – Eu só tenho 2,37 dólares, mas eu posso ver os filhotes?

O dono da loja sorriu e chamou Lady, que veio correndo, seguida de cinco bolinhas de pelo.

Um dos cachorrinhos vinha mais atrás, mancando de forma visível.

Imediatamente o menino apontou aquele cachorrinho e perguntou:

– O que é que há com ele?

O dono da loja explicou que o veterinário tinha examinado e descoberto que ele tinha um problema na junta do quadril, sempre mancaria e andaria devagar. O menino se animou e disse:

– Esse é o cachorrinho que eu quero comprar!

O dono da loja respondeu:

– Não, você não vai querer comprar este. Se você realmente quiser ficar com ele, eu lhe dou de presente.

O menino ficou transtornado e, olhando bem na cara do dono da loja, com o seu dedo apontado, disse:

– Eu não quero que você o dê para mim. Aquele cachorrinho vale tanto quanto qualquer um dos outros e eu vou pagar tudo. Na verdade, eu lhe dou 2,37 dólares agora e 50 centavos por mês, até completar o preço total.

O dono da loja contestou:

– Você não pode querer realmente comprar este cachorrinho. Ele nunca vai poder correr, pular e brincar com você e com os outros cachorrinhos.

Aí, o menino abaixou e puxou a perna esquerda da calça para cima, mostrando a sua perna com um aparelho para andar. Olhou bem para o dono da loja e respondeu:

– Bom, eu também não corro muito bem e o cachorrinho vai precisar de alguém que entenda isso.

• 65 •
Concurso de beleza

Uma próspera empresa de produtos de beleza pediu aos habitantes de uma cidade grande que enviassem fotografias, acompanhadas de uma breve carta explicativa, das mulheres mais belas que eles conheciam. Em poucas semanas, milhares de cartas foram enviadas à empresa.

Uma carta, em particular, chamou a atenção dos funcionários e foi encaminhada ao presidente da empresa. A carta era escrita por um menino que, evidentemente, foi criado em um lar com problemas, em algum bairro de extrema pobreza. Este é um trecho da carta, com as devidas correções de grafia: "Na minha rua mora uma mulher bonita. Eu vou à casa dela todos os dias. Ela me faz sentir o menino mais importante do mundo. Jogamos damas juntos, e ela ouve meus problemas. Ela me entende e, quando vou embora, sempre diz bem alto, na porta, que sente orgulho de mim".

O menino terminava a carta dizendo: "Esta fotografia mostra que ela é a mulher mais bonita do mundo. Espero ter uma esposa tão bonita quanto ela".

Intrigado com a carta, o presidente pediu para ver a fotografia da mulher. Sua secretária lhe entregou a foto de uma mulher sorridente, sem nenhum dente na boca, de idade avançada, sentada em uma cadeira de rodas. O ralo cabelo grisalho estava preso em coque e as rugas que marcavam seu rosto eram suavizadas pelo brilho que vinha de seus olhos.

– Não podemos usar a fotografia desta mulher – explicou o presidente, sorrindo. – Ela mostraria ao mundo que nossos produtos não são necessários para uma mulher ser bela.

• **66** •
Dois túmulos

Um rei estava percorrendo seu reino com um grande cortejo. De todos os lados, os súditos acorriam para contemplá-lo e saudá-lo, até que o rei reparou que um homem prosseguia em suas tarefas, numa completa indiferença.

O rei parou e disse-lhe:

– Todos olham para mim, menos você. Por que tamanha indiferença?

O homem respondeu:

– Conheci outrora um rei que morava nesta cidade. Morreu ao mesmo tempo em que um mendigo e foram enterrados no mesmo dia em túmulos diferentes, porém próximos. Na vida, nós o reconhecíamos pelos seus corpos; na morte, por seus túmulos. Um dia, porém, veio uma tempestade e devastou o cemitério e os túmulos, misturou os ossos, e ninguém mais conseguiu distinguir o rei do mendigo.

• 67 •
Escola da vida

As escolas nos ensinam tudo, menos a viver.

Um sábio atravessava de barco um rio e, conversando com o barqueiro, perguntou:

– Diga-me uma coisa: Você sabe botânica?

O barqueiro olhou para o sábio e respondeu:

– Não muito, senhor. Não sei que história é essa.

– Você não sabe botânica, a ciência que estuda as plantas? Que pena! Você perdeu parte de sua vida.

O barqueiro continua remando. Pergunta novamente o sábio:

– Diga-me uma coisa: Você sabe astronomia?

O coitado do caiçara coçou a cabeça e disse:

– Não senhor, não sei o que é astronomia.

– Astronomia é a ciência que estuda os astros, o espaço, as estrelas. Que pena! Você perdeu parte da sua vida.

E assim foi perguntando a respeito de cada ciência: astrologia, física, química, e de nada o barqueiro sabia. E o sábio sempre terminava com seu refrão: "Que pena! Você perdeu parte da sua vida".

De repente, o barco bateu contra uma pedra, rompeu-se e começou a afundar. O barqueiro perguntou ao sábio:

– O senhor sabe nadar?

– Não, não sei.

– Que pena, o senhor perdeu a sua vida!

• 68 •

Marinheiro Matthew

Há cerca de 10 anos eu ensinei um grupo de garotos a velejar. Eles eram brilhantes, entusiasmados e com muita vontade de desfrutar a vida como qualquer outra criança. Todos, porém, tinham algum sério problema. Três estavam em cadeiras de rodas, paralisados da cintura pra baixo. Um era quase cego e tinha uma deformidade no braço direito. Dois podiam caminhar, mas com dificuldade, afetados por paralisia cerebral.

Havia um sétimo garoto de quem eu nunca esquecerei. Seu nome era Matthew. Ele também tinha paralisia cerebral que o afetou bastante. Suas mãos e braços eram deformados pela doença e pela inatividade. As costas curvadas. Seu rosto destorcido e suas pernas não funcionavam. Sua risada era como uma tosse que sacudia todo o seu corpo. Para falar, Matthew tinha a ajuda de uma tábua de cartas. Lentamente, e com determinação, apontava carta por carta, para formar o que ele queria dizer. Às vezes ele tentava falar. A voz dele era um resmungo sussurrado. Ainda assim, ele era brilhante e sempre alegre e adorava tentar fazer tudo o que os colegas estavam fazendo, tanto no barco como na sala de aula.

Eu adorei o tempo que passei com eles; eles eram sempre tão alegres e cheios de vida. Eles aprendiam rapidamente e aproveitavam cada minuto de aula. Mas, apesar de tudo, fui eu quem aprendeu a maior lição. Um dia o centro de navegação foi tomado por uma forte tempestade. O vento uivou e a chuva entrava em torrentes. Ao invés de cancelar a aula do dia, decidimos trabalhar dentro da sala de aula. Todas as crianças se reuniram lá dentro. Todas elas queriam responder às perguntas que eu fazia. Era importante todas ficarem bastante envolvidas. Eu fazia perguntas para as crianças mais quietas também.

Frequentemente eles interrompiam um ao outro ruidosamente, tentando conseguir responder uns antes dos outros. Mas quando Matthew queria responder era diferente. De repente todos eles ficavam quietos e silenciosos. Matthew sussurrava e gesticulava junto à sua tábua. E eles esperavam. Matthew lutava com obstinada persistência até que a resposta fosse totalmente soletrada. E se eu não entendesse, uma das outras crianças trabalhava com ele até que a resposta ficasse clara. Quando Matthew terminava de responder à pergunta, todas as crianças, magicamente, transformavam-se em uma população ruidosa e bagunceira.

Todas estas crianças eram heróis ao seu próprio modo. A tolerância que eles dispunham com as inaptidões mais graves de Matthew eram impressionantes. Com apenas quatorze anos de idade, aquelas crianças "deficientes" tinham aprendido a ter cuidado, respeito e sempre ajudar alguém menos afortunado que elas próprias. Ah, se o resto do mundo pudesse aprender as mesmas lições. Fanatismo, violência e intolerância teriam terminado.

• 69 •
O velho e o neto

Era uma vez um velho muito velho, quase cego e surdo, com os joelhos tremendo. Quando se sentava à mesa para comer, mal conseguia segurar a colher. Derramava sopa na toalha e, quando, afinal, acertava a boca, deixava sempre cair um bocado pelos cantos.

O filho e a nora dele achavam que era uma porcaria e ficavam com nojo. Finalmente, acabaram fazendo o velho se sentar num canto atrás do fogão. Levavam comida para ele numa tigela de barro e – o que era pior – nem lhe davam bastante.

O velho olhava para a mesa com os olhos compridos, muitas vezes cheios de lágrimas.

Um dia, suas mãos tremeram tanto que ele deixou a tigela cair no chão e ela se quebrou. A mulher ralhou com ele, que não disse nada, só suspirou. Depois ela comprou uma gamela de madeira bem baratinha e era ali que ele tinha que comer.

Um dia, quando estavam todos sentados na cozinha, o neto do velho, que era um menino de oito anos, estava brincando com uns pedaços de pau.

– O que é que você está fazendo? – perguntou o pai.

O menino respondeu:

– Estou fazendo um cocho para papai e mamãe poderem comer quando eu crescer.

O marido e a mulher se olharam durante algum tempo e caíram no choro. Depois disso, trouxeram o avô de volta para a mesa. Desde então passaram a comer todos juntos e, mesmo quando o velho derramava alguma coisa, ninguém dizia nada.

• 70 •

Pote rachado

Um carregador de água na Índia levava dois potes grandes, ambos pendurados em cada ponta de uma vara a qual ele carregava atravessada em seu pescoço. Um dos potes tinha uma rachadura, enquanto o outro era perfeito e sempre chegava cheio de água no fim da longa jornada entre o poço e a casa do chefe; o pote rachado chegava apenas pela metade.

Foi assim por dois anos, diariamente, o carregador entregando um pote e meio de água na casa de seu chefe. Claro, o pote perfeito estava orgulhoso de suas realizações. Porém, o pote rachado estava envergonhado de sua imperfeição e sentindo-se miserável por ser capaz de realizar apenas a metade do que ele havia sido designado a fazer. Após perceber que por dois anos havia sido uma falha amarga, o pote falou para o homem um dia à beira do poço.

– Estou envergonhado, e quero pedir-lhe desculpas.

– Por quê? – perguntou o homem. – De que você está envergonhado?

– Nesses dois anos eu fui capaz de entregar apenas a metade da minha carga, porque essa rachadura no meu lado faz com que a água vaze por todo o caminho da casa de seu senhor. Por causa do meu defeito, você tem que fazer todo esse trabalho, e não ganha o salário completo dos seus esforços – disse o pote.

O homem ficou triste pela situação do velho pote, e, com compaixão, falou:

– Quando retornarmos para a casa de meu senhor, quero que percebas as flores ao longo do caminho.

De fato, à medida que eles subiam a montanha, o velho pote rachado notou flores selvagens ao lado do caminho, e isto lhe deu certo ânimo. Mas, ao fim da estrada, o pote ainda se sentia mal porque tinha vazado a metade, e de novo pediu desculpas ao homem por sua falha.

Disse o homem ao pote:

– Você notou que pelo caminho só havia flores no seu lado. Eu, ao conhecer o seu defeito, tirei vantagem dele. E lancei sementes de flores no seu lado do caminho, e cada dia, enquanto voltávamos do poço, você as regava. Por dois anos eu pude colher flores para ornamentar a mesa de meu senhor. Sem você ser do jeito que você é, ele não poderia ter esta beleza para dar graça à sua casa.

• 71 •
Tributo à guerra

Esta história é sobre um soldado que finalmente estava voltando para casa depois de ter lutado no Vietnã.

Ele ligou para seus pais em São Francisco:

– Mãe, pai, eu estou voltando para casa, mas eu tenho um favor a pedir. Eu tenho um amigo que eu gostaria de trazer comigo.

Claro – eles responderam –, nós adoraríamos conhecê-lo!!!

– Há algo que vocês precisam saber – continuou o filho. – Ele foi terrivelmente ferido na luta; ele pisou em uma mina e perdeu um braço e uma perna. Ele não tem nenhum lugar para ir e, por isso, eu quero que ele venha morar conosco.

– Eu sinto muito em ouvir isso, filho, nós talvez possamos ajudá-lo a encontrar um lugar para ele morar.

– Não, mamãe e papai, eu quero que ele venha morar conosco!

– Filho, disse o pai, você não sabe o que está pedindo. Alguém com tanta dificuldade seria um grande fardo para nós.

Nós temos nossas próprias vidas e não podemos deixar que uma coisa como esta interfira em nosso modo de viver. Acho que você deveria voltar para casa e esquecer este rapaz. Ele encontrará uma maneira de viver por si mesmo.

Neste momento, o filho bateu o telefone. Os pais não ouviram mais nenhuma palavra dele.

Alguns dias depois, no entanto, eles receberam um telefonema da polícia de São Francisco. O filho deles havia morrido depois de ter caído de um prédio. A polícia acreditava em suicídio. Os pais, angustiados, voaram para São Francisco e foram levados para o necrotério a fim de identificar o corpo do filho. Eles o reconheceram, mas, para o seu horror, descobriram algo que desconheciam: o filho deles tinha apenas um braço e uma perna.

VI

PERSEVERANÇA E RESILIÊNCIA

A perseverança é a mãe da boa sorte.
Miguel de Cervantes

Ser perseverante é ter firmeza de objetivo, é prosseguir rumo à meta estabelecida apesar dos possíveis obstáculos no caminho. Já a resiliência é um conceito emprestado da física e refere-se à capacidade de se lidar com problemas, superar desafios, enfrentar momentos de tensão e adversidade de forma mais positiva.

É preciso ter perseverança para plantar a semente e dela cuidar, na certeza da colheita abundante. É preciso acreditar e agir, pois a fé sozinha não produz resultados. Muitas vezes nossos alunos querem bons resultados nos estudos, porém talvez eles esqueçam o trabalho necessário para que esses resultados surjam. E incontáveis vezes será necessário exercer a paciência antes de ver o resultado. É necessário perseverança para alcançarmos nossos objetivos. É necessário paciência para passar por todas as fases depois de plantar tantas sementes: o tempo de espera, de maturação, as condições adversas e a colheita.

Será preciso que eles compreendam, também, que nem sempre as coisas acontecem de acordo com nossos planos. É necessário lembrar-nos que haverá males que surgem no caminho exatamente para o nosso bem. Certa vez alguém disse que não receber o que queremos pode ser uma bênção em nossas vidas. Para isso, o exercício da paciência é importante. Esperar e perseverar em um mundo cada vez mais veloz é uma virtude raríssima.

A seleção de histórias deste tópico envolve reflexões diversas que buscam resgatar a fé, o ânimo, o poder de decidir e viver de acordo com as decisões feitas, força para os momentos de adversidade e grandes aflições e, assim, contribuir para que os alunos se tornem resilientes e perseverantes para alcançar objetivos nobres.

• 72 •
A árvore dos problemas

Um homem contratou um carpinteiro para ajudar a arrumar algumas coisas na sua fazenda.

O primeiro dia do carpinteiro foi bem difícil.

O pneu do seu carro furou, e então ele deixou de ganhar uma hora de trabalho; a sua serra elétrica quebrou, e ele cortou o dedo, e por fim, no final do dia, o seu carro não funcionou.

O homem que contratou o carpinteiro ofereceu uma carona para casa, e, durante o caminho, o carpinteiro não falou nada.

Quando chegaram à sua casa, o carpinteiro convidou o homem para entrar e conhecer a sua família.

Quando os dois homens estavam se encaminhando para a porta da frente, o carpinteiro parou junto a uma pequena árvore e gentilmente tocou as pontas dos galhos com as duas mãos.

Depois de abrir a porta da sua casa, o carpinteiro transformou-se. Os traços tensos do seu rosto transformaram-se em um grande sorriso, e ele abraçou os seus filhos e beijou a sua esposa.

Um pouco mais tarde, o carpinteiro acompanhou a sua visita até o carro.

Assim que eles passaram pela árvore, o homem perguntou por que ele havia tocado na planta antes de entrar em casa.

"Ah", respondeu o carpinteiro, "esta é a minha planta dos problemas. Eu sei que não posso evitar ter problemas no meu trabalho, mas esses problemas não devem chegar até os meus filhos e minha esposa. Então, toda noite, eu deixo os meus problemas nesta árvore quando chego em casa, e os pego no dia seguinte. E você quer saber de uma coisa? Toda manhã, quando eu volto para buscar os meus problemas, eles não são nem metade do que eu me lembro de ter deixado na noite anterior".

• 73 •
A casa queimada

Um certo homem saiu em uma viagem de avião. Era um homem temente a Deus, e sabia que Deus o protegeria. Durante a viagem, quando sobrevoavam o mar, um dos motores falhou e o piloto teve que fazer um pouso forçado no oceano.

Quase todos morreram, mas o homem conseguiu agarrar-se a alguma coisa que o conservasse em cima da água. Ficou boiando à deriva durante muito tempo, até que chegou a uma ilha não habitada.

Ao chegar à praia, cansado, porém vivo, agradeceu a Deus por este livramento maravilhoso da morte. Ele conseguiu se alimentar de peixes e ervas. Conseguiu derrubar algumas árvores e com muito esforço conseguiu construir uma casinha para ele. Não era bem uma casa, mas um abrigo tosco, com paus e folhas. Porém significava proteção. Ele ficou todo satisfeito e mais uma vez agradeceu a Deus, porque agora podia dormir sem medo dos animais selvagens que talvez pudessem existir na ilha.

Um dia ele estava pescando, e quando terminou havia apanhado muitos peixes. Assim, com comida abundante, estava satisfeito com o resultado da pesca. Porém, ao voltar-se na direção de sua casa, qual tamanha não foi sua decepção, ao ver sua casa toda incendiada. Ele se sentou em uma pedra chorando e dizendo em prantos:

– Deus! Como é que o Senhor podia deixar isto acontecer comigo? O Senhor sabe que eu preciso muito desta casa para poder me abrigar, e o Senhor deixou minha casa se queimar todinha. Deus, o Senhor não tem compaixão de mim?

Neste mesmo momento uma mão pousou no seu ombro e ele ouviu uma voz dizendo:

– Vamos, rapaz?

Ele se virou para ver quem estava falando com ele, e qual não foi sua surpresa quando viu em sua frente um marinheiro todo fardado e dizendo:

– Vamos, rapaz, nós viemos te buscar.

– Mas como é possível? Como vocês souberam que eu estava aqui?

– Ora, amigo! Vimos os seus sinais de fumaça pedindo socorro. O capitão ordenou que o navio parasse e me mandou vir lhe buscar naquele barco ali adiante.

Os dois entraram no barco e assim o homem foi para o navio que o levaria em segurança de volta para os seus queridos.

• 74 •
A lenda das três árvores

Havia no alto de uma montanha três árvores que sonhavam com o que seriam depois de grandes.

A primeira delas disse: "Eu quero ser o baú mais precioso do mundo, cheio de tesouros".

A segunda, olhando o riacho, suspirou: "Eu quero ser um navio grande para transportar reis e rainhas".

A terceira olhou para o vale e disse: "Quero ficar aqui no alto da montanha e crescer tanto que as pessoas, ao olharem para mim, levantem os olhos e pensem em Deus".

Muitos anos se passaram e certo dia três lenhadores cortaram as árvores que estavam ansiosas em serem transformadas naquilo que sonhavam. Mas os lenhadores não costumam ouvir ou entender de sonhos... Que pena!

A primeira árvore acabou sendo transformada em um cocho de animais coberto de feno. A segunda virou um simples barco de pesca, carregando pessoas e peixes todos os dias. A terceira foi cortada em grossas vigas e colocada de lado, em um depósito.

Então, desiludidas e tristes, as três perguntaram: "Por que isto?" Entretanto, numa bela noite, cheia de luz e estrelas, uma jovem mulher colocou seu bebê recém-nascido naquele cocho de animais e, de repente, a primeira árvore percebeu que continha o maior tesouro do mundo!

A segunda árvore estava transportando um homem que acabou por dormir num barco, o qual se transformara. E quando uma tempestade quase afundou o barco, o homem levantou e disse: "Paz", e num relance a segunda árvore entendeu que estava transportando o Rei do céu e da terra!

Tempos mais tarde, numa sexta-feira, a terceira árvore espantou-se quando suas vigas foram unidas em forma de cruz e um homem foi pregado nela. Logo sentiu-se horrível e cruel, mas no domingo seguinte o mundo vibrou de alegria e a terceira árvore percebeu que nela havia sido pregado um homem para a salvação da humanidade e que as pessoas sempre se lembrariam de Deus e seu filho ao olharem para ela.

As árvores haviam tido sonhos e desejos, mas sua realização foi mil vezes maior do que haviam imaginado. Às vezes não recebemos de momento o que queremos, mas quando recebemos é em maior valor. Portanto, não se esqueça... não importa o tamanho do seu sonho. Acreditando nele, sua vida ficará mais bonita e muito melhor de ser vivida.

• 75 •
Acreditar e agir

Um viajante ia caminhando em solo distante, às margens de um grande lago de águas cristalinas. Seu destino era a outra margem.

Suspirou profundamente enquanto tentava fixar o olhar no horizonte. A voz de um homem coberto de idade, um barqueiro, quebrou o silêncio momentâneo, oferecendo-se para transportá-lo.

O pequeno barco envelhecido, no qual a travessia seria realizada, era provido de dois remos de madeira de carvalho. Logo seus olhos perceberam o que pareciam ser letras em cada remo. Ao colocar os pés empoeirados dentro do barco, o viajante pôde observar que se tratava de duas palavras; num deles estava entalhada a palavra ACREDITAR, e no outro AGIR.

Não podendo conter a curiosidade, o viajante perguntou a razão daqueles nomes originais dados aos remos. O barqueiro respondeu pegando o remo chamado ACREDITAR e remando com toda força. O barco, então, começou a dar voltas sem sair do lugar em que estava. Em seguida, pegou o remo AGIR e remou com todo vigor. Novamente o barco girou em sentido oposto, sem ir adiante.

Finalmente, o velho barqueiro, segurando os dois remos, remou com eles simultaneamente, e o barco, impulsionado por ambos os lados, navegou através das águas do lago, chegando ao seu destino, a outra margem.

Então o barqueiro disse ao viajante:

– Esse porto se chama autoconfiança. Simultaneamente é preciso ACREDITAR e também AGIR para que possamos alcançá-la!

• 76 •
Anjos ambulantes

Dois anjos ambulantes pararam para passar a noite na mansão de uma família abastada que, sendo muito grosseira, negou aos anjos o pernoite no quarto de visitas, preferindo acomodá-los no porão gelado.

Enquanto arrumavam a sua "cama" no chão duro, o anjo mais velho reparou em um buraquinho na parede e o consertou. Quando o anjo mais novo perguntou-lhe por que fizera isso, ouviu a explicação: "As aparências enganam".

Na noite seguinte, eles chegaram à casa de um casal de lavradores muito pobres, mas muito hospitaleiros que, depois de compartilharem com eles sua parca refeição, deixaram-nos dormir na sua própria cama, para que tivessem uma boa noite de descanso.

Na manhã seguinte, os anjos encontraram o lavrador e a sua esposa chorando. A sua única vaca, cuja produção de leite era a sua única fonte de renda, estava lá no pasto, morta.

O anjo mais jovem, indignado, perguntou ao mais velho:

– Por que isto aconteceu? A outra família tinha tudo, mas você os ajudou. A segunda família, apesar de ter pouco, compartilhou conosco, e você deixou a vaca deles morrer.

– As aparências enganam – respondeu o anjo mais velho. – Quando ficamos no porão da mansão, eu vi pelo buraquinho na parede que havia ouro na sala do outro lado. Como o dono da casa era obcecado por dinheiro, tão ganancioso, e não queria compartilhar sua fortuna, fechei o buraquinho para ele não encontrar aquele tesouro. Ontem à noite, enquanto dormíamos na cama dos lavradores, o anjo da morte veio buscar a sua esposa, mas eu lhe disse para matar a vaca em vez dela.

Nós às vezes reagimos exatamente como o anjo mais jovem nesta parábola. Deus, porém, tem um desígnio muito maior nas coisas que faz, o qual só viremos a conhecer muito tempo depois.

• 77 •
Caminhando sobre as águas

Um certo brâmane eremita construiu sua cabana próximo a um grande rio. Todos os dias uma ordenhadora atravessava o rio numa barcaça para lhe levar o leite que ela mesma ordenhava de suas ovelhas na outra margem do rio.

Às vezes ela se atrasava, e isso deixava o brâmane aborrecido. A ordenhadora se desculpava, dizendo que muitas vezes tinha de esperar pela barcaça que estava do outro lado do rio.

– Que grande bobagem! – esbravejou o brâmane com desdém. – Mas que barcaça que nada!

E em seguida disse com certa hesitação:

– Filha, uma criatura de fé, com o nome de Deus no coração e nos lábios, é capaz de caminhar sobre as águas de um mar revolto e infinito, de mortes e renascimentos inumeráveis, até a mais distante praia. Será que as pobres águas de um rio podem deter os pés de quem tem fé?

A ordenhadora ficou diante do homem santo, envergonhada e em silêncio. Em seguida, curvou-se diante dele, tomando um pouco da poeira dos seus pés e colocando-a sobre sua testa.

No dia seguinte a ordenhadora chegou bem cedo e na hora certa e, assim, também todos os dias que se seguiram. O brâmane estava encantado com o seu zelo e, finalmente, perguntou-lhe:

– O que aconteceu que você agora tornou-se tão pontual?

A garota respondeu:

– Mestre, estou fazendo aquilo que o senhor me recomendou que fizesse. Com o nome de Deus nos lábios e no coração, eu caminho sobre as águas; meus pés não afundam nem tampouco preciso da barcaça para atravessar.

O brâmane ficou silenciosamente encantado diante do poder miraculoso de Deus na boca e no coração de uma criança tão simples; mas não demonstrou nada do que sentia, apenas disse:

– Você faz muito bem em agir assim. Irei com você e observarei o seu caminhar sobre as águas, e eu mesmo caminharei ao seu lado quando atravessarmos o rio.

Ele queria observar o milagre acontecendo para a garota; se aquela coisinha jovem podia fazê-lo, então, com certeza, o milagre iria acontecer com ele também.

Quando chegaram à margem do rio, os lábios da garota se moviam silenciosamente; olhando para a frente ela sussurrava constantemente o nome de Deus e flutuava leve como uma pluma sobre a água. O rio fluía apressado sob seus pés sem salpicar-lhe as vestes. A sola de seus pés não pareciam tocar as águas.

O brâmane, impressionado com o que via, apressou-se em levantar um pouco a bainha de sua túnica e começou a murmurar o nome de Deus à medida que se aproximava da água. Mas não conseguiu acompanhar a menina, que estava sempre adiante como se fosse uma pluma e voasse como um pássaro, e se viu prestes a afundar.

A garota notou que isto ia acontecer e começou a rir alegremente, ao mesmo tempo em que se distanciava cada vez mais dele, dizendo:

– Não me admira, mestre, que o senhor esteja afundando! Como é que o nome de Deus vai conseguir sustentá-lo sobre as águas, quando no próprio ato de invocar o seu nome o senhor levanta a barra da túnica de medo que ela se molhe?

• 78 •

Cavalinho

Certa tarde o pai saiu para um passeio com as duas filhas, uma de oito e a outra de quatro anos. Em determinado momento da caminhada, Helena, a filha mais nova, pediu ao pai que a carregasse, pois estava muito cansada para continuar andando.

O pai respondeu que estava também muito fatigado, e diante da resposta a garotinha começou a choramingar e fazer "corpo mole". Sem dizer uma só palavra, o pai cortou um pequeno galho de árvore e o entregou à Helena, dizendo:

– Olhe aqui um cavalinho para você montar, filha! Ele irá ajudá-la a seguir em frente.

A menina parou de chorar e pôs-se a cavalgar o galho verde tão rápido, que chegou em casa antes dos outros. Ficou tão encantada com seu cavalo de pau, que foi difícil fazê-la parar de galopar.

A irmã mais velha ficou intrigada com o que viu e perguntou ao pai como entender a atitude de Helena.

O pai sorriu, e respondeu, dizendo:

– Assim é a vida, minha filha. Às vezes a gente está física e mentalmente cansado, certo de que é impossível continuar. Mas encontramos então um "cavalinho" qualquer que nos dá ânimo outra vez.

Esse cavalinho pode ser um bom livro, um amigo, uma canção... assim, quando você se sentir cansado ou desanimado, lembre-se de que sempre haverá um cavalinho para cada momento, e nunca se deixe levar pela preguiça ou o desânimo.

• 79 •
Decida

Aconteceu enquanto eu esperava por um amigo no aeroporto. Procurando localizar meu amigo no portão de desembarque, notei um homem que vinha com duas malas. Ele parou perto de mim para cumprimentar sua família.

Primeiro, ele abraçou o filho mais novo (talvez com uns 6 anos de idade). Eles trocaram um longo e carinhoso abraço. E então se separaram o suficiente para olhar um ao outro. Foi quando eu ouvi o pai dizer:

– É tão bom te ver, filho. Eu senti tanta falta de você!

O filho sorriu e, meio acanhado, respondeu suavemente:

– Eu também, papai!

Então o homem se levantou, contemplou os olhos do filho mais velho (talvez 9 ou 10 anos) e disse:

– Você já está um homenzinho. Eu te amo muito, filho!

E também trocaram um longo e fraterno abraço.

Enquanto isto acontecia, um bebê estava excitado nos braços da mãe. O homem, segurando delicadamente no queixo da menina, disse:

– Olá, minha gatinha!

E pegou a criança suavemente. Ele a beijou no rosto e a apertou contra o peito. A pequena menina relaxou imediatamente e simplesmente deitou a cabeça no ombro dele e ficou imóvel em pura satisfação.

Depois ele entregou a filha aos cuidados do mais velho e declarou:

– O melhor por último.

E deu em sua esposa o beijo mais longo e mais apaixonado que eu me lembro de ter visto.

Ele a olhou nos olhos por alguns segundos, e então, silenciosamente, declamou:

– Eu te amo tanto!

Olharam-se nos olhos, enquanto abriam grandes sorrisos segurando-se pelas mãos. Por um momento eles me pareceram recém-casados, mas pela idade das crianças ficava claro que não eram.

Eu senti um incômodo de repente, era como se eu estivesse invadindo algo sagrado, e fiquei embasbacado ao ouvir minha própria voz nervosamente perguntar:

– Emocionante! Quanto tempo os dois têm de casado?

– São 14 anos – ele respondeu, sem desviar o olhar do rosto da esposa.

– Bem, então, quanto tempo você esteve fora?

O homem, finalmente, virou e olhou para mim, ainda irradiando um sorriso jovial.

– Dois dias inteiros!

Dois dias? Fiquei atordoado. Pela intensidade da saudação, tinha concluído que ele tivesse se afastado por pelo menos várias semanas, se não meses. Eu sei que minha expressão me traiu. Eu disse quase imediatamente, procurando terminar minha intrusão com alguma graça (e voltar a procurar por meu amigo):

– Eu espero que meu casamento seja ainda apaixonado depois de 14 anos!

O homem deixou de sorrir de repente. Ele me olhou diretamente nos olhos, e, com uma expressão séria que até me assustou, respondeu:

– Não espere, amigo... DECIDA!

Então seu sorriso brilhou novamente, me deu um aperto de mão e disse:

– Deus lhe abençoe!

Com isso, viraram-se, ele e a família, e saíram. Eu ainda estava observando aquela excepcional família caminhando para longe da vista, quando meu amigo surgiu e perguntou:

– Ei! Está olhando o quê?

Sem hesitar eu respondi:

– Meu futuro.

• 80 •
Discípulo

Um discípulo procurou o Rabino Naham de Braslaw:

– Não continuarei mais meus estudos sagrados. Moro numa pequena casa com meus pais e meus irmãos, e nunca encontro as condições ideais para concentrar-me no que é importante.

Naham apontou o sol e pediu que seu discípulo colocasse a mão na frente do rosto de modo a ocultá-lo. O discípulo fez isto.

Então o rabino disse:

– Sua mão é pequena, porém conseguiu cobrir por completo a força, a luz e a majestade do imenso sol. Da mesma maneira, os pequenos problemas conseguem lhe dar a desculpa necessária para não seguir adiante em sua busca espiritual. Ninguém é culpado da própria incompetência. Assim como a mão tem o poder de esconder o sol, a mediocridade tem o poder de esconder a luz interior. Não deixe que isso aconteça.

• 81 •
Ferramentas do diabo

Foi anunciado que o diabo deixaria seus trabalhos e ofereceria suas ferramentas para qualquer um que desejasse pagar o preço.

No dia da venda, elas foram expostas de uma maneira atraente: malícia, ódio, maus desejos, inveja, ciúme, sensualidade, fraude...

Todos os instrumentos do mal estavam lá, cada um marcado com o seu preço.

Separada do resto, encontrava-se uma ferramenta de aparência inofensiva que, apesar de estar usada, tinha preço superior ao de todas as outras.

Alguém perguntou ao diabo que ferramenta era esta, e o diabo respondeu:

– É o desânimo!

– Nossa! Mas por que ela está tão cara?

– Porque ela me é mais útil do que todas as outras ferramentas. Com ela, eu sei entrar em qualquer homem, e, uma vez no interior dele, eu posso manobrá-lo da maneira que melhor me convém. Esta ferramenta está usada porque eu a utilizo com quase todo o mundo e pouquíssimas pessoas sabem que ela me pertence.

É supérfluo acrescentar que o preço fixado pelo diabo para o desânimo era tão alto que a ferramenta nunca foi vendida. Esperteza dele... assim o diabo é sempre o proprietário e continua a utilizá-la bastante até os dias de hoje.

• 82 •
Fraqueza ou força?

Às vezes sua maior fraqueza pode transformar-se em sua maior força. Veja, por exemplo, a história de um menino de 10 anos de idade que decidiu praticar judô apesar de ter perdido seu braço esquerdo em um terrível acidente de carro.

O menino começou as lições com um velho mestre japonês. Ele ia muito bem, assim não entendia por que, após três meses de treinamento, o mestre lhe tinha ensinado somente um movimento.

– Sensei – o menino disse finalmente – não devo aprender mais movimentos?

– Este é realmente o único movimento que você sabe, mas este é o único movimento que você precisará saber – respondeu o sensei.

Sem entender completamente, mas acreditando em seu mestre, o menino manteve-se treinando.

Meses mais tarde, o sensei inscreveu o aprendiz em seu primeiro torneio. Surpreendendo-se, o menino ganhou facilmente seus primeiros dois combates. O terceiro combate revelou ser o mais difícil, mas depois de algum tempo seu adversário tornou-se impaciente e agitado; o menino usou o seu único movimento para ganhar a luta. Espantado ainda por seu sucesso, o garoto estava agora nas finais do torneio.

Desta vez, seu oponente era bem maior, mais forte e mais experiente. Preocupado com a possibilidade do menino se machucar, cogitaram em cancelar a luta, quando o sensei interveio.

– De forma alguma! – o sensei insistiu –, deixe-o continuar.

Logo que a luta começou, seu oponente cometeu um erro crítico: deixou cair seu protetor. Imediatamente, o menino usou seu movimento para prendê-lo. O menino tinha ganhado a luta e o torneio. Era o campeão.

Mais tarde, em casa, o aprendiz e o sensei reviram cada movimento em cada luta. Então o menino criou coragem para perguntar o que estava realmente em sua mente:

– Sensei, como eu consegui ganhar o torneio com somente um movimento?

– Você ganhou por duas razões – respondeu o sensei. – Primeiro, você dominou um dos golpes mais difíceis do judô.

E, em segundo lugar, a única defesa conhecida para esse movimento é o seu oponente agarrar seu braço esquerdo.

A maior fraqueza do menino tinha-se transformado em sua maior força.

• 83 •
Jogue a vaca fora!

Um mestre da sabedoria passeava por uma floresta com seu fiel discípulo quando avistou ao longe um sítio de aparência pobre e resolveu fazer uma breve visita.

Durante o percurso ele falou ao aprendiz sobre a importância das visitas e as oportunidades de aprendizado que temos também com as pessoas que mal conhecemos.

Chegando ao sítio constatou a pobreza do lugar: sem calçamento, casa de madeira, os moradores – um casal e três filhos – vestidos com roupas rasgadas e sujas... então se aproximou do senhor, aparentemente o pai daquela família, e perguntou:

– Neste lugar não há sinais de pontos de comércio e de trabalho; como o senhor e a sua família sobrevivem aqui?

E o senhor calmamente respondeu:

– Meu amigo, nós temos uma vaquinha que nos dá vários litros de leite todos os dias. Uma parte desse produto nós vendemos ou trocamos na cidade vizinha por outros gêneros de alimentos e a outra parte nós produzimos queijo, coalhada... para o nosso consumo, e assim vamos sobrevivendo.

O sábio agradeceu a informação, contemplou o lugar por uns momentos, depois se despediu e foi embora. No meio do caminho, voltou ao seu fiel discípulo e ordenou:

– Aprendiz, pegue a vaquinha, leve-a ao precipício ali na frente e empurre-a, jogue-a lá embaixo.

O jovem arregalou os olhos espantado e questionou o mestre sobre o fato de a vaquinha ser o único meio de sobrevivência daquela família, mas, como percebeu o silêncio absoluto de seu mestre, foi cumprir a ordem.

Assim empurrou a vaquinha morro abaixo e a viu morrer. Aquela cena ficou marcada na memória daquele jovem durante alguns anos, e um belo dia ele resolveu largar tudo o que havia aprendido e voltar àquele mesmo lugar e contar tudo àquela família, pedir perdão e ajudá-los.

Assim fez, e quando se aproximava do local avistou um sítio muito bonito, com árvores floridas, todo murado, com carro na garagem e algumas crianças brincando no jardim. Ficou triste e desesperado imaginando que aquela humilde família tivera que vender o sítio para sobreviver, apertou o passo e, chegando lá, logo foi recebido por um caseiro muito simpático e perguntou sobre a família que ali morava há uns quatro anos, e o caseiro respondeu:

– Continuam morando aqui.

Espantado, ele entrou correndo na casa e viu que era mesmo a família que visitara antes com o mestre. Elogiou o local e perguntou ao senhor (o dono da vaquinha):

– Como o senhor melhorou esse sítio e está muito bem de vida?!?

E o senhor, entusiasmado, respondeu:

– Nós tínhamos uma vaquinha que caiu no precipício e morreu, daí em diante tivemos que fazer outras coisas e desenvolver habilidades que nem sabíamos que tínhamos. Assim alcançamos o sucesso que seus olhos vislumbram agora...

• 84 •
Joias devolvidas

Narra antiga lenda árabe que um rabi, religioso dedicado, vivia muito feliz com sua família: esposa admirável e dois filhos queridos.

Certa vez, por imperativos da religião, o rabi empreendeu longa viagem, ausentando-se do lar por vários dias.

No período em que estava ausente, um grave acidente provocou a morte dos dois filhos amados. A mãezinha sentiu o coração dilacerado de dor. No entanto, por ser uma mulher forte, sustentada pela fé e pela confiança em Deus, suportou o choque com bravura.

Todavia, uma preocupação lhe vinha à mente: Como dar ao esposo a triste notícia? Sabendo-o portador de insuficiência cardíaca, temia que não suportasse tamanha comoção.

Lembrou-se de fazer uma prece. Rogou a Deus auxílio para resolver a difícil questão.

Alguns dias depois, num final de tarde, o rabi retornou ao lar.

Abraçou longamente a esposa e perguntou pelos filhos...

Ela pediu para que não se preocupasse. Que tomasse o seu banho, e logo depois ela lhe falaria dos moços. Alguns minutos depois estavam ambos sentados à mesa.

Ela lhe perguntou sobre a viagem, e logo ele perguntou novamente pelos filhos.

A esposa, numa atitude um tanto embaraçada, respondeu ao marido:

– Deixe os filhos. Primeiro quero que me ajude a resolver um problema que considero grave.

O marido, já um pouco preocupado, perguntou:

– O que aconteceu? Notei você abatida! Fale! Resolveremos juntos, com a ajuda de Deus.

– Enquanto você esteve ausente, um amigo nosso visitou-me e deixou duas joias de valor incalculável, para que as guardasse. São joias muito preciosas! Jamais vi algo tão belo! O problema é esse! Ele vem buscá-las e eu não estou disposta a devolvê-las, pois já me afeiçoei a elas. O que você me diz?

– Ora, mulher! Não estou entendendo o seu comportamento! Você nunca cultivou vaidades!... Por que isso agora?

– É que nunca havia visto joias assim! São maravilhosas!

– Podem até ser, mas não lhe pertencem! Terá que devolvê-las.

– Mas eu não consigo aceitar a ideia de perdê-las!

E o rabi respondeu com firmeza: ninguém perde o que não possui. Retê-las equivaleria a roubo!

– Vamos devolvê-las, eu a ajudarei. Faremos isso juntos e hoje mesmo.

– Pois bem, meu querido, seja feita a sua vontade. O tesouro será devolvido. Na verdade, isso já foi feito. As joias preciosas eram nossos filhos. Deus os confiou a nossa guarda, e durante a sua viagem veio buscá-los. Eles se foram.

O rabi compreendeu a mensagem.

Abraçou a esposa, e juntos derramaram grossas lágrimas. Sem revolta nem desespero.

• 85 •
Mudando o destino

Durante uma importante batalha o general japonês decidiu atacar, embora seu exército fosse excedido em número de soldados. Ele estava confiante de que venceriam, mas seus homens estavam cheios de dúvida.

A caminho da batalha, eles pararam em um santuário religioso. Depois de rezar com os homens, o general, ciente da dúvida de seus homens, tirou uma moeda e disse:

– Eu lançarei esta moeda para o alto. Se der cara, significa que nós ganharemos. Se der coroa, que perderemos.

– O destino se revelará agora.

Ele lançou a moeda no ar e todos assistiram atentamente. Deu cara.

Os soldados ficaram jubilosos e tão cheios de confiança que vigorosamente atacaram o inimigo e saíram vitoriosos.

Depois da batalha, um tenente falou ao general:

– Ninguém pode mesmo mudar o destino.

– Estás errado – o general respondeu e mostrou ao tenente a moeda que tinha cara em ambos os lados.

• 86 •
Muita fé

Os moradores de uma região castigada pela seca há vários anos foram até o padre da paróquia local pedir que ele rezasse uma missa especial que trouxesse a chuva de volta. O padre negou-se a realizar a missa alegando que nada aconteceria, pois seria necessário que o povo tivesse muita fé em Deus.

O religioso foi então pressionado pela comunidade, todos afirmando que possuíam a fé requerida para que a chuva acontecesse.

Muito contrariado, o padre marcou a missa para a manhã seguinte.

Na hora combinada o povo já ocupava todos os lugares da igreja em silêncio.

O padre chegou sem dar uma palavra. Atravessando os bancos foi esquivando-se de cada um dos fiéis. Dirigindo-se a eles, falou:

– Caros irmãos, tomei uma decisão: lamento informar, mas não vou rezar a missa, pois agora tenho absoluta certeza que vocês não têm fé!

Foi aquela agitação na igreja, todos reagindo contra as palavras do padre. O líder da comunidade levantou-se e protestou com veemência:

– Padre, em nome de todos aqui reunidos, permita-me discordar de sua posição. O senhor está enganado, pois todos aqui têm muita fé e acreditam que esta missa vai trazer a chuva.

O padre escutou com atenção e, dirigindo-se aos "fiéis", perguntou:

– Irmãos, se vocês têm tanta fé como dizem ter, respondam-me: Quem aqui trouxe guarda-chuva?

Os olhares constrangidos entre os presentes logo mostraram a realidade do momento: ninguém levara guarda-chuva!

• 87 •

Nada é permanente

Havia um rei muito poderoso que tinha tudo na vida, mas sentia-se confuso. Resolveu consultar os sábios do reino e disse-lhes:

— Não sei por que, sinto-me estranho e preciso ter paz de espírito. Preciso de algo que me faça alegre quando estiver triste e que me faça triste quando estiver alegre.

Os sábios resolveram dar um anel ao rei, desde que o rei seguisse certas condições:

— Debaixo do anel existe uma mensagem, mas o rei só deverá abrir o anel quando ele estiver num momento intolerável. Se abrir só por curiosidade, a mensagem perderá o seu significado. Quando TUDO estiver perdido, a confusão for total, acontecer a agonia e nada mais se puder fazer, aí o rei deve abrir o anel.

O rei seguiu o conselho. Um dia o país entrou em guerra e perdeu.

Houve vários momentos em que a situação ficou terrível, mas o rei não abriu o anel porque ainda não era o fim. O reino estava perdido, mas ainda podia recuperá-lo. Fugiu do reino para se salvar. O inimigo o seguiu, mas o rei cavalgou até que perdeu os companheiros e o cavalo. Seguiu a pé, sozinho, e os inimigos atrás; era possível ouvir o ruído dos cavalos. Os pés sangravam, mas tinha que continuar a correr. O inimigo se aproxima e o rei, quase desmaiado, chega à beira de um precipício. Os inimigos estão cada vez mais perto e não há saída, mas o rei ainda pensa:

– Estou vivo, talvez o inimigo mude de direção. Ainda não é o momento de ler a mensagem. Olha o abismo e vê leões lá embaixo, não tem mais jeito. Os inimigos estão muito próximos, e aí o rei abre o anel e lê a mensagem: "Isto passará".

De súbito, o rei relaxa. Isto também passará e, naturalmente, o inimigo mudou de direção. O rei volta e tempos depois reúne seus exércitos e reconquista seu país. Há uma grande festa, o povo dança nas ruas e o rei está felicíssimo, chora de tanta alegria e de repente se lembra do anel, abre-o e lê a mensagem: "Isto também passará".

Novamente ele relaxa, e assim obtém a sabedoria e a paz de espírito.

Em qualquer situação, boa ou ruim, de prosperidade ou de dificuldades, em que as emoções parecem dominar tudo o que fazemos, é importante que nos lembremos de que tudo é efêmero, de que tudo passará, de que é impossível perpetuarmos os momentos que vivemos, queiramos ou não, sejam eles escolhidos ou não.

A ansiedade frequentemente não nos deixa analisar o que nos ocorre com objetividade. Nem sempre é possível mesmo. Mas, em muitos momentos, precipitamos atitudes que só pioram o que queríamos que melhorasse, e é na esfera dos relacionamentos amorosos que isso ocorre quase sempre.

A calma, conforme o ditado popular, pode ser o melhor remédio diante daquilo que não depende de nós... Manter as emoções constantemente sob controle é pura fantasia e qualquer um já viveu a sensação de pânico ao perceber que o que mais se valoriza está escapando por entre os dedos.

• 88 •
O ferreiro

Era uma vez um ferreiro que, após uma juventude cheia de excessos, resolveu entregar sua alma a Deus. Durante muitos anos trabalhou com afinidade, praticou a caridade, mas, apesar de toda sua dedicação, nada parecia dar certo na sua vida. Muito pelo contrário: seus problemas e dívidas acumulavam-se cada vez mais.

Uma bela tarde, um amigo que o visitara – e que se compadecia de sua situação difícil – comentou:

– É realmente estranho que, justamente depois que você resolveu se tornar um homem temente a Deus, sua vida começou a piorar. Eu não desejo enfraquecer sua fé, mas, apesar de toda a sua crença no mundo espiritual, nada tem melhorado.

O ferreiro não respondeu imediatamente. Ele já havia pensado nisso muitas vezes, sem entender o que acontecia em sua vida. Entretanto, como não queria deixar o amigo sem resposta, começou a falar e terminou encontrando a explicação que procurava. Eis o que disse o ferreiro:

– Eu recebo nesta oficina o aço ainda não trabalhado e preciso transformá-lo em espadas. Você sabe como isto é feito? Primeiro eu aqueço a chapa de aço num calor infernal, até que fique vermelha. Em seguida, sem qualquer piedade, eu pego o martelo mais pesado e aplico golpes até que a peça adquira a forma desejada. Logo, ela é mergulhada num balde de água fria e a oficina inteira se enche com o barulho do vapor, enquanto a peça estala e grita por causa da súbita mudança de temperatura. Tenho que repetir esse processo até conseguir a espada perfeita: uma vez apenas não é suficiente.

O ferreiro deu uma longa pausa, acendeu um cigarro e continuou:

– Às vezes, o aço que chega até minhas mãos não consegue aguentar esse tratamento. O calor, as marteladas e a água fria terminam por enchê-lo de rachaduras. E eu sei que jamais se transformará numa boa lâmina de espada. Então, eu simplesmente o coloco no monte de ferro-velho que você viu na entrada de minha ferraria.

Mais uma pausa e o ferreiro concluiu:

– Sei que Deus está me colocando no fogo das aflições. Tenho aceito as marteladas que a vida me dá, e às vezes sinto-me tão frio e insensível como a água que faz sofrer o aço. Mas a única coisa que peço é: "Meu Deus, não desista, até que eu consiga tomar a forma que o Senhor espera de mim. Tente da maneira que achar melhor, pelo tempo que quiser – mas jamais me coloque no monte de ferro-velho das almas".

• 89 •
O peso de uma oração

Louise Rodden, uma mulher malvestida, com olhar de depressão, foi fazer compras sem dinheiro. Quando ela chegou no mercado, cochichou para João, o dono do mercado, e pediu que lhe vendesse a prazo, pois tinha sete filhos e o marido estava doente em casa. João lhe disse que não vendia a prazo para ninguém.

Junto deles estava um senhor que tinha ouvido a conversa, e disse a João que ficaria responsável pelo pagamento.

João então perguntou se ela tinha uma lista das compras.

Ela disse que sim.

Então ele disse a ela que pusesse a lista na balança para servir de peso. Que venderia a ela as compras do mesmo peso do papel.

Ora, papel não pesa nada e ele queria usar um papel para medir o peso das compras!

Louise abriu a bolsa, tirou um pedaço de papel, escreveu alguma coisa e colocou o papel na balança. Para a surpresa de João, o lado da balança que tinha o papel baixou até o fim. Então ele começou a pôr as mercadorias no outro lado da balança, mas a balança não descia, e ele, já todo agoniado, foi pondo comidas até não caber mais na balança, e mesmo assim a balança não baixou.

Quando João não podia mais pôr nada em cima, ele disse a ela para levar as comidas de graça porque elas não pesaram nada.

João, todo chateado, pegou o papel para ler o que estava dentro, e qual não foi sua surpresa em ler, em vez de uma lista de comidas, somente uma pequena oração que dizia: "Deus meu, Tu sabes do que eu preciso! Amém".

No outro dia ele descobriu que a balança estava quebrada.

Quem quebrou a balança???

• 90 •
O tamanho da cruz

Era uma vez um rei muito justo e bondoso que fazia tudo pelos seus súditos.

Certa vez ele prometeu que levaria todos os que merecessem para uma terra maravilhosa, onde viveriam com abundância e segurança. Mas, para merecer tal lugar, cada habitante deveria carregar uma cruz até a terra prometida, e isto significava uma caminhada de alguns dias.

Todas as cruzes tinham o mesmo tamanho, o que causou um protesto por parte dos mais fraquinhos.

Um deles, revoltado, resolveu dar um "jeitinho": pegou a sua cruz e, no meio da caminhada, resolveu serrá-la e diminuir-lhe o tamanho para o peso que ele achava ser o mais justo para a sua capacidade.

Logo depois disto, todo o grupo se deparou com uma situação que os impedia de continuar a caminhada: havia um rio, com margens bem altas, íngremes e rochosas que impedia a passagem de todo o grupo. Foi quando um dos caminhantes teve a ideia de utilizar a sua cruz como ponte para atravessar o rio. Assim, todos descobriram que o tamanho da cruz era exatamente o da distância de uma margem à outra.

Todos atravessaram o rio e continuaram a sua caminhada com as respectivas cruzes até a terra prometida.

Todos, menos um, que perdeu a sua cruz levada pela correnteza do rio.

A melhor maneira de se levar uma vida bem-sucedida é encarar as crises como oportunidades e os obstáculos do caminho como pontes para o sucesso.

• 91 •
Oi, Zé

Todos os dias, ao meio-dia, um pobre velho entrava na igreja e rapidamente saía. Um dia, curioso, o sacristão perguntou-lhe o que vinha fazer.

– Venho rezar – respondeu o velho.

– Mas é estranho – disse o sacristão – que você consiga rezar tão depressa.

– Bem – retrucou o velho –, eu não sei recitar aquelas orações compridas. Mas todo dia, ao meio-dia, eu entro na igreja e só falo: "Oi Jesus, é o Zé". Num minuto já estou de saída. É só uma oraçãozinha, mas tenho certeza de que Ele me ouve.

Alguns dias depois o Zé sofreu um acidente e foi internado num hospital.

Na enfermaria passou a exercer uma grande influência sobre todos: os doentes mais tristes tornaram-se alegres... muitas risadas passaram a ser ouvidas.

– Zé – disse-lhe um dia a irmã. – Os outros doentes dizem que foi você quem mudou tudo aqui na enfermaria. Eles dizem que você está sempre tão alegre...

– É verdade, irmã. Estou sempre alegre.

É por causa daquela visita que recebo todos os dias. Me faz feliz.

A irmã ficou atônita. Já tinha notado que a cadeira encostada na cama do Zé estava sempre vazia.

O Zé era um velho solitário, sem ninguém.

– Que visita? A que horas?

– Todos os dias – respondeu Zé, com um brilho nos olhos. – Todos os dias, ao meio-dia, Ele vem, fica ao pé da cama, e, quando olho para Ele, sorri e diz:

– Oi, Zé, é Jesus.

• 92 •
Parábola do cavalo

Um fazendeiro, que lutava com muitas dificuldades, possuía alguns cavalos para ajudar nos trabalhos em sua pequena fazenda.

Um dia, seu capataz veio trazer a notícia de que um dos cavalos havia caído num velho poço abandonado.

O poço era muito profundo e seria extremamente difícil tirar o cavalo de lá. O fazendeiro foi rapidamente até o local do acidente, avaliou a situação, certificando-se que o animal não se havia machucado.

Mas, pela dificuldade e alto custo para retirá-lo do fundo do poço, achou que não valia a pena investir na operação de resgate.

Tomou, então, a difícil decisão: determinou ao capataz que sacrificasse o animal, jogando terra no poço até enterrá-lo, ali mesmo.

E assim foi feito: os empregados, comandados pelo capataz, começaram a lançar terra para dentro do buraco de forma a cobrir o cavalo. Mas, à medida que a terra caía em seu dorso, o animal a sacudia e ela ia se acumulando no fundo, possibilitando ao cavalo ir subindo.

Logo os homens perceberam que o cavalo não se deixava enterrar, mas, ao contrário, estava subindo à medida que a terra enchia o poço, até que, finalmente, conseguiu sair!

• 93 •
Problemas a serem eliminados

Num mosteiro havia o grande mestre e o guardião. Certo dia, o guardião morreu e foi preciso substituí-lo. O grande mestre, então, reuniu todos os irmãos para fazerem a nova indicação. Assumiria o posto o monge que conseguisse resolver primeiro o problema a ser apresentado naquele momento.

Então o grande mestre colocou um banquinho no centro da sala e, em cima, um vaso de porcelana, raríssimo, com uma belíssima rosa a enfeitá-lo. Disse apenas:

– Aqui está o problema.

Todos ficaram olhando a cena. O vaso lindíssimo, de valor extraordinário, a flor maravilhosa no centro! O que representavam, o que fazer? Qual será o enigma?

Nesse momento, um dos discípulos sacou a espada, olhou o mestre, os companheiros, dirigiu-se ao centro da sala e destruiu tudo num só golpe.

Tão logo o discípulo retornou ao seu lugar, o grande mestre falou:

– Você é o novo guardião... Não importa que o problema seja algo lindíssimo. Se for um problema, precisa ser eliminado. Um problema é um problema.

A indecisão é a própria sustentação do problema.

Quando decidimos o que está pendente, acabou-se o problema.

• 94 •
Reflexo

Era uma vez uma indústria de calçados, aqui no Brasil, que desenvolveu um projeto de exportação de sapatos para a Índia.

Em seguida, mandou dois de seus consultores a pontos diferentes do país para fazer as primeiras observações do potencial daquele futuro mercado.

Após alguns dias de pesquisas, um dos consultores enviou o seguinte fax para a direção da indústria: "Senhores, cancelem o projeto de exportação de sapatos para a Índia. Aqui ninguém usa sapatos".

Sem saber desse fax, alguns dias depois o segundo consultor mandou o seu: "Senhores, tripliquem o projeto da exportação de sapatos para a Índia. Aqui ninguém usa sapatos ainda".

A mesma situação era um tremendo obstáculo para um dos consultores e uma fantástica oportunidade para outro.

• 95 •
Rico senhor

Montado em seu cavalo, um rico senhor dirigia-se à cidade, como fazia frequentemente, a fim de cuidar de seus negócios. Nunca prestara atenção àquela casa humilde, quase escondida do desvio da estrada e, naquele dia, experimentou a insistente curiosidade. Quem morava ali?

Cedendo ao impulso, aproximou-se, contornou a residência e, sem desmontar, olhou por uma janela aberta e viu uma garotinha de aproximadamente 10 anos, ajoelhada, mãos postas, olhos lacrimejantes. Perguntou então o nobre senhor.

– Que fazes você aí, minha filha?

– Estou orando a DEUS pedindo socorro! Meu pai morreu, minha mãe está muito doente e meus quatro irmãos têm fome.

– Que bobagem! O céu não ajuda ninguém, está muito distante. Temos que nos virar sozinhos.

Embora irreverente e um tanto rude, era um homem de bom coração. Compadecendo-se, tirou do bolso uma boa soma de dinheiro e entregou à menina.

– Aí está. Vá comprar comida para os irmãos e remédio para a mamãe e esqueça a oração.

Isto feito, retornou à estrada. Antes de completar 200 metros, decidiu verificar se sua orientação estava sendo observada, mas, para a sua surpresa, a pequena devota continuava de joelhos.

– Ora essa, menina! Por que não vai fazer o que recomendei. Não lhe expliquei que não adianta pedir?

Então a menina, feliz, respondeu:

– Já não estou mais pedindo. Estou apenas agradecendo. Pedi a Deus e Ele enviou o senhor...

• 96 •
Soltar as mãos

João era um bom homem, trabalhador e com o fruto do seu trabalho sustentava a família e tinha uma vida digna. Cuidava da saúde, não fazia inimigos e dizia que sua felicidade era fruto de seu esforço pessoal; portanto, onde caberia a necessidade de um deus dentro desse contexto?

João era um ateu convicto.

Um dia, passava por uma estrada quando começou um enorme temporal. O carro de João derrapou e ele foi lançado para um abismo. Embora não houvesse nenhuma possibilidade de salvação, João gritou:

– Meu Deus, me ajude!

Nesse momento, surgiu uma árvore na beira do abismo e João se agarrou nela. Ainda ofegante e trêmulo, mal acreditava no que acabara de acontecer com ele. Nesse instante ele ouve uma voz:

– E agora, João, acredita que eu existo?

João, assustado e confuso, olha para os lados e percebe que não há ninguém por perto, então responde:

– Claro que acredito, Senhor!

– Acredita mesmo, João?

– Claro, Senhor.

– Eu acabei de viver um milagre, como poderia não acreditar?

– Tem certeza de que acredita?

– Claro, nunca tive uma certeza tão absoluta em toda a minha vida.

– Então, se você acredita realmente em mim, solta as mãos que eu te pego lá embaixo!

• 97 •
Vale a pena perseverar

Durante a depressão dos anos de 1930, um caricaturista político desempregado escreveu para um dos principais jornais locais, pedindo trabalho. Ele foi prontamente avisado de que o jornal não estava precisando de um caricaturista. Ao invés de deixar que a resposta negativa o desanimasse, aceitou a situação como um desafio. Sentou-se, em seguida, e desenhou uma caricatura nas costas de um cartão postal e o remeteu para o jornal.

Cada semana ele enviava uma nova caricatura. Após cinquenta e duas semanas e cinquenta e dois cartões, ainda não havia recebido nenhuma resposta, e admitiu que estava quase desanimado.

Recusou-se, porém, a ceder.

Sua caricatura seguinte representava um alto prédio sem portas e janelas no primeiro piso. Um homem, com a expressão de desespero em seu rosto, corria em volta do prédio, gritando: "Deve haver um meio de entrar!"

Desta vez o jornal enviou um telegrama: "Venha e comece. Nós nos rendemos!"

VII

PROFESSORES E PAIS

*Os professores abrem a porta, mas você
deve entrar por você mesmo.*

Provérbio chinês

*Sábio é o pai que conhece o seu
próprio filho.*

William Shakespeare

Todas as histórias seguintes podem (e devem) ser usadas em reuniões de pais, conselhos de classe, grupos de estudos, encontros diversos – tanto para professores e educadores como para os responsáveis e os próprios alunos. Então, por que um tópico com uma seleção de histórias só para professores e pais? A resposta é bastante simples: para facilitar o nosso trabalho, na escola, de encontrarmos mais facilmente uma história que pode ser utilizada em uma reunião ou evento qualquer e que seja mais direta para o grupo de pais e educadores.

Além disso, esta seção serve para lembrarmos que o papel da escola só consegue ser plenamente exercido se a família caminhar em conjunto, de mãos dadas com a equipe pedagógica. Por isso, esta seção reúne histórias que tocam em pontos específicos para o grupo de professores e educadores da escola e para os pais e responsáveis dos alunos.

Desta maneira, em uma reunião onde se queira destacar a importância das mães, a história *A criança e Deus* servirá perfeitamente para enaltecer esse chamado; *Algum dia, Aproveitar cada instante, Nó* e *O valor de uma hora* são histórias que falam aos pais, de um modo geral, para que não desperdicem oportunidades de demonstrar sua afeição aos filhos. *Criatividade, Escultura* e *Estrela do mar* são exemplos de histórias que podem ser utilizadas para que os próprios professores reflitam acerca do seu papel e influência na vida dos alunos.

É a última seção do livro e, talvez, a primeira que deveria ser lida para que possamos educar (ou reeducar) a nós mesmos para podermos dar conta da grandiosa tarefa que temos diante de nós: a educação dos seres humanos que passarem por nossas salas de aula!

• 98 •
A criança e Deus

Uma criança pronta para nascer perguntou a Deus:

– Dizem-me que estarei sendo enviado à Terra amanhã... Como eu vou viver lá, sendo assim pequeno e indefeso?

E Deus disse:

– Entre muitos anjos, eu escolhi um especial para você. Estará lhe esperando e tomará conta de você.

Criança:

– Mas diga-me: Aqui no céu eu não faço nada a não ser cantar e sorrir, o que é suficiente para que eu seja feliz. Serei feliz lá?

Deus:

– Seu anjo cantará e sorrirá para você... A cada dia, a cada instante, você sentirá o amor do seu anjo e será feliz.

Criança:

– Como poderei entender quando falarem comigo, se eu não conheço a língua que as pessoas falam?

Deus:

– Com muita paciência e carinho, seu anjo lhe ensinará a falar.

Criança:

– E o que farei quando eu quiser te falar?

Deus:

– Seu anjo juntará suas mãos e lhe ensinará a rezar.

Criança:

– Eu ouvi que na Terra há homens maus. Quem me protegerá?

Deus:

– Seu anjo lhe defenderá, mesmo que signifique arriscar sua própria vida.

Criança:

– Mas eu serei sempre triste porque eu não te verei mais.

Deus:

– Seu anjo sempre lhe falará sobre mim, lhe ensinará a maneira de vir a mim, e eu estarei sempre dentro de você.

Nesse momento havia muita paz no céu, mas as vozes da Terra já podiam ser ouvidas. A criança, apressada, pediu suavemente:

– Oh, Deus, se eu estiver a ponto de ir agora, diga-me, por favor, o nome do meu anjo.

E Deus respondeu:

– Você chamará seu anjo... MÃE!

• 99 •
Algum dia

Algum dia, quando os garotos se forem, haverá bastante sorvete... somente para a mulher e para mim. Não vamos encontrar o pote de doce na prateleira de baixo... vazio e com o fundo meloso. Voltaremos à nossa geladeira pequena e comeremos na antiga mesa que usávamos quando éramos recém-casados.

O carro agora vai estar sempre limpo. O assoalho não ficará coberto de papéis da escola dominical... nem batatas fritas secas e grudadas. Nem goma de mascar, nem carrinhos, nem jogos de montar, nem pentes de boneca ou mesmo anzóis espalhados sobre o tapete. As portas ficarão fechadas, e não precisarei andar por toda a casa apagando cada lâmpada. Não vamos mais tropeçar em manadas de ursinhos de pelúcia... bonecas e animaizinhos de feltro pastando ou dormindo no tapete.

Poucas ferramentas se perderão. Nada de corridas frenéticas na hora de dormir na procura de cobertores perdidos. As meias milagrosamente estarão em pares certos, e as chaves do carro estarão exatamente onde foram deixadas.

Porém, naturalmente, outras coisas também terão mudado.

Quando os garotos se forem, não ouviremos mais o tamborilar dos pezinhos no corredor, e em seguida sentir os corpos mornos serpenteando e gatinhando em nossa cama, aconchegando-se a nós nas manhãs de sábado.

Não mais a bonequinha, os vestidos de babados na Páscoa ou os primeiros dias de escola. Não mais piqueniques ou casinhas de brinquedo para fazer teatrinho. Não mais viagens para pescar e caçar, ou salsichas assadas, ou apenas caminhar descuidadamente de mãos dadas com as crianças.

Algum dia não haverá mais cartões feitos a mão para o Dia dos Pais ou placas de madeira com a frase "A melhor mãe do mundo". Não mais desenhos com giz de cera, frases ou versículos, e cartolinas coloridas montadas e penduradas na geladeira. Por isso, até que chegue esse dia, deliciemo-nos com os momentos que passamos juntos.

• 100 •
Amor

Um professor universitário levou seus alunos de Sociologia às favelas de Baltimore para estudar as histórias de duzentos garotos. Pediu a eles que redigissem uma avaliação sobre o futuro de cada menino: "Eles não têm chance alguma".

Vinte e cinco anos mais tarde, outro professor de Sociologia deparou-se com o estudo anterior. Pediu aos seus alunos que acompanhassem o projeto, a fim de ver o que havia acontecido com aqueles garotos. Com exceção de vinte dos pesquisados, que haviam se mudado ou morrido, os estudantes descobriram que 176 dos 180 restantes haviam alcançado uma posição mais bem-sucedida do que a comum, como advogados, médicos e homens de negócio.

O professor ficou intrigado e resolveu continuar o estudo.

Felizmente, todos os homens continuavam na mesma área e ele pôde perguntar a cada um: "A que você atribui o seu sucesso?"

Em todos os casos, a resposta veio com sentimento: "A uma professora".

A professora ainda estava viva; portanto, o professor de Sociologia a procurou, perguntando à senhora idosa, embora ainda ativa, que fórmula mágica havia usado para resgatar esses garotos das favelas para um mundo das conquistas bem-sucedidas.

Os olhos da professora faiscaram e seus lábios se abriram num delicado sorriso:

– É realmente muito simples – disse ela. – Eu amava aqueles garotos.

• 101 •
Anjos

O menino voltou-se para a mãe e perguntou:

– Os anjos existem mesmo? Eu nunca vi nenhum.

Como ela lhe afirmou a existência deles, o pequeno disse que iria andar pelas estradas, até encontrar um anjo.

– É uma boa ideia – falou a mãe. – Irei com você.

Mas você anda muito devagar – argumentou o garoto. – Você tem um pé aleijado.

A mãe insistiu que o acompanharia. Afinal, ela podia andar muito mais depressa do que ele pensava.

Lá se foram. O menino saltitando e correndo e a mãe mancando, seguindo atrás. De repente, uma carruagem apareceu na estrada. Majestosa, puxada por lindos cavalos brancos. Dentro dela, uma dama linda, envolta em veludos e sedas, com plumas brancas nos cabelos escuros. As joias eram tão brilhantes que pareciam pequenos sóis. Ele correu ao lado da carruagem e perguntou à senhora:

– Você é um anjo?

Ela nem respondeu. Resmungou alguma coisa ao cocheiro, que chicoteou os cavalos e a carruagem sumiu na poeira da estrada.

Os olhos e a boca do menino ficaram cheios de poeira. Ele esfregou os olhos e tossiu bastante. Então, chegou sua mãe que limpou toda a poeira com seu avental de algodão azul.

– Ela não era um anjo, não é, mamãe?

– Com certeza, não. Mas um dia poderá se tornar um – respondeu a mãe.

Mais adiante uma jovem belíssima, em um vestido branco, encontrou o menino. Seus olhos eram estrelas azuis e ele lhe perguntou:

– Você é um anjo?

Ela ergueu o pequeno em seus braços e falou feliz:

– Uma pessoa me disse ontem à noite que eu era um anjo.

Enquanto acariciava o menino e o beijava, ela viu seu namorado chegando. Mais do que depressa, colocou o garoto no chão. Tudo foi tão rápido que ele não conseguiu se firmar bem nos pés e caiu.

– Olhe como você sujou meu vestido branco, seu monstrinho! – disse ela, enquanto corria ao encontro do seu amado.

O menino ficou no chão, chorando, até que chegou sua mãe e lhe enxugou as lágrimas com seu avental de algodão azul.

– Aquela moça, certamente, não era um anjo.

O garoto abraçou o pescoço da mãe e disse estar cansado.

– Você me carrega?

– É claro – disse a mãe. – Foi para isso que eu vim.

Com o precioso fardo nos braços, a mãe foi mancando pelo caminho, cantando a música que ele mais gostava.

Então, o menino a abraçou com força e lhe perguntou:

– Mãe, você não é um anjo?

A mãe sorriu e falou mansinho:

– Imagine, nenhum anjo usaria um avental de algodão azul como o meu.

• 102 •

Aproveitar cada instante

Meu cunhado abriu a última gaveta da cômoda e retirou um pacote embrulhado com papel de seda. "Isto", ele disse, "não é combinação. Isto é uma *lingerie*".

Ele desembrulhou e entregou-me a peça. Era linda, de seda, feita a mão e bordada com rendas. A etiqueta de preço ainda estava afixada na peça.

Disse ainda: "Jan comprou-a na primeira vez que estivemos em Nova York, há uns 8 ou 9 anos. Ela nunca usou. Ela estava guardando-a para uma ocasião especial. Bem, acho que agora é a ocasião".

Ele pegou a peça das minhas mãos e colocou-a na cama junto com as outras roupas que separamos para levar à funerária. Ele acariciou a peça por um momento, bateu a gaveta, virou-se para mim e disse: "Nunca guarde nada para uma ocasião especial. Todo dia é uma ocasião especial".

Fiquei relembrando aquelas palavras durante o funeral e os dias que se seguiram, quando os ajudei, ele e a minha sobrinha, a superar a tristeza que segue uma morte inesperada. Fiquei pensando neles durante o voo de volta para a Califórnia.

Pensei em todas as coisas que a minha irmã não pôde ver, ouvir ou fazer. Pensei nas coisas que ela fez sem perceber como elas foram especiais. Ainda continuo pensando nas palavras dele, elas mudaram a minha vida.

Estou lendo mais e espanando menos. Fico sentada na cadeira admirando a vista do jardim sem a neura de ficar arrancando as ervas daninhas.

Estou gastando mais tempo com a minha família e amigos, e menos tempo em reuniões de comitês.

Sempre que possível, a vida deveria ser uma experiência a ser saboreada, e não uma prova.

Estou tentando reconhecer esses momentos e usufruí-los. Não estou "guardando" nada: usamos todas as nossas porcelanas chinesas e os cristais para todos os eventos especiais, como perder alguns quilos; consertar um vazamento da pia, para a primeira florada das camélias; visto o meu "blazer" preferido para ir ao mercado quando sinto vontade.

Minha teoria é: se sinto que está sobrando dinheiro, gasto US$ 28,49 em um pequeno pacote de guloseimas sem pestanejar. Não estou guardando o meu melhor perfume para festas especiais: os caixas em lojas e atendentes em bancos têm narizes que funcionam tão bem quanto os dos meus amigos de festas.

"Algum dia" e "um dia desses" estão perdendo a importância no meu vocabulário. Se for útil ver, ouvir e fazer, quero ver, ouvir e fazer agora.

Não sei o que a minha irmã teria feito se soubesse que estaria aqui para o amanhã a que a todos nós foi permitido. Acho que ela teria ligado para todos da família e alguns amigos íntimos. Poderia ter ligado para antigos amigos para se desculpar e reparar brigas do passado sem importância. Penso que ela teria ido jantar em um restaurante chinês, sua comida preferida. Estou supondo... nunca saberei...

São essas pequenas coisas deixadas sem fazer, que me deixariam brava se soubesse que meu tempo seria limitado. Brava por ter, algum dia, cancelado encontros com bons amigos. Brava por não ter escrito cartas que pretendia ter escrito. Brava e arrependida por não ter dito mais frequentemente ao meu marido e à minha filha o quanto eu realmente os amava. Estou tentando muito não adiar, impedir ou guardar alguma coisa que proporcione alegria e brilho às nossas vidas. E toda manhã, quando abro os olhos, digo a mim mesma que isso é especial.

Todo dia, todo minuto, todo suspiro é realmente... um presente dos céus.

• **103** •
Como você vê a vida?

Enquanto um professor estava ensinando a um grupo de alunos, ele apanhou uma folha de papel enorme e fez um ponto bem no centro com a sua caneta-tinteiro. Então, ele ficou segurando a folha para que todos pudessem enxergar e perguntou:

– O que vocês estão vendo?

Rapidamente um deles respondeu:

– Eu vejo um ponto preto.

– Correto! – respondeu o professor. – O que mais vocês estão vendo?

Houve um completo silêncio.

– Vocês não conseguem ver mais nada além deste ponto preto? – perguntou.

E todos responderam em coro:

– Não!

– Muito me admira a resposta de vocês – disse o professor. – Vocês simplesmente deixaram de ver a coisa de maior importância: a folha de papel.

Então ele fez a aplicação. Ele disse que em nossas vidas frequentemente somos distraídos por pequenos desapontamentos como um ponto ou pelas experiências dolorosas, e logo ficamos propensos a esquecer as inúmeras bênçãos recebidas das mãos de Deus. Mas, como a folha de papel, as boas coisas são muitíssimo mais importantes do que as adversidades que com tanta facilidade monopolizam a nossa atenção.

• 104 •
Criatividade II

Era uma vez um menino bastante pequeno que contrastava com a escola bastante grande. Uma manhã a professora disse:

– Hoje nós iremos fazer um desenho.

"Que bom!" – pensou o menininho. Ele gostava de desenhar leões, tigres, galinhas, vacas, trens e barcos...

Pegou a sua caixa de lápis de cor e começou a desenhar.

A professora então disse:

– Esperem, ainda não é hora de começar!

Ela esperou até que todos estivessem prontos.

– Agora – disse a professora – nós iremos desenhar flores.

E o menininho começou a desenhar bonitas flores com seus lápis rosa, laranja e azul. A professora disse:

– Esperem! Vou mostrar como fazer.

E a flor era vermelha com caule verde.

– Assim – disse a professora. – Agora vocês podem começar.

O menininho olhou para a flor da professora, então olhou para a sua flor. Gostou mais da sua flor, mas não podia dizer isso... virou o papel e desenhou uma flor igual à da professora.

Era vermelha com caule verde.

Num outro dia, quando o menininho estava em aula ao ar livre, a professora disse:

– Hoje nós iremos fazer alguma coisa com o barro.

"Que bom!" – pensou o menininho.

Ele gostava de trabalhar com barro.

Podia fazer com ele todos os tipos de coisas: elefantes, camundongos, carros e caminhões. Começou a juntar e amassar a sua bola de barro.

Então, a professora disse:

– Esperem! Não é hora de começar!

Ela esperou até que todos estivessem prontos.

– Agora – disse a professora – nós iremos fazer um prato.

"Que bom!" – pensou o menininho.

Ele gostava de fazer pratos de todas as formas e tamanhos.

A professora disse:

– Esperem! Vou mostrar como se faz. Assim! Agora vocês podem começar.

E o prato era um prato fundo.

O menininho olhou para o prato da professora, olhou para o próprio prato e gostou mais do seu, mas ele não podia dizer isso. Amassou seu barro numa grande bola novamente e fez um prato fundo, igual ao da professora.

E muito cedo o menininho aprendeu a esperar e a olhar e a fazer as coisas exatamente como a professora. E muito cedo ele não fazia mais coisas por si próprio.

Então aconteceu que o menininho teve que mudar de escola. Essa escola era ainda maior que a primeira.

Um dia a professora disse:

— Hoje nós vamos fazer um desenho.

"Que bom!" – pensou o menininho, e esperou que a professora dissesse o que fazer. Ela não disse. Apenas andava pela sala. Quando veio até o menininho, e disse:

— Você não quer desenhar?

— Sim, e o que é que nós vamos fazer?

— Eu não sei, até que você o faça.

— Como eu posso fazê-lo?

— Da maneira que você gostar.

— E de que cor?

— Se todo mundo fizer o mesmo desenho e usar as mesmas cores, como eu posso saber o desenho de cada um?

— Eu não sei...

E então o menininho começou a desenhar uma flor vermelha com o caule verde...

• **105** •
Escultura

O garotinho ficou em pé para ver o pesado bloco de mármore.

— Que vai fazer daí? – perguntou ao escultor.

— Nada, apenas descobrir o anjo que está lá dentro.

E o menino se foi com a explicação, crédulo e cheio de fé, como todas as crianças.

Um dia voltou com um carinho comovente.

O artista acabara de esculpir o anjo.

– Que lindo! – exclamou o menino. – Eu não sabia que ele estava lá dentro.

No meio da vida, quantos pedaços de mármore... disformes, pesados, sem beleza, à espera de mãos submissas, cheias de amor, nas mãos do Escultor Eterno... exigidos até a descoberta.

Um golpe em falso, uma pancada, uma palavra má, lá se vai todo o trabalho, a esperança de Deus em nós...

Mas é isto que nos faz crer num mundo melhor de união e paz, a certeza de que...

HÁ SEMPRE UM ANJO ESCONDIDO NA PEDRA...

• 106 •
Estrelas-do-mar

Era uma vez um escritor que morava em uma tranquila praia, junto de uma colônia de pescadores. Todas as manhãs ele caminhava à beira do mar para se inspirar, e à tarde ficava em casa escrevendo. Certo dia, caminhando na praia, ele viu um vulto que parecia dançar. Ao chegar perto, ele reparou que se tratava de um jovem que recolhia estrelas-do-mar da areia para, uma por uma, jogá-las novamente de volta ao oceano.

– Por que está fazendo isso? – perguntou o escritor.

– Você não vê? A maré está baixa e o sol está brilhando. Elas irão secar e morrer se ficarem aqui na areia – respondeu o jovem.

O escritor espantou-se.

– Meu jovem, existem milhares de quilômetros de praias por este mundo afora, e centenas de milhares de estrelas-do-mar espalhadas pela praia. Que diferença faz? Você joga umas poucas de volta ao oceano. A maioria vai perecer de qualquer forma.

O jovem pegou mais uma estrela na praia, jogou de volta ao oceano e olhou para o escritor.

– Para essa aqui eu fiz a diferença...

Naquela noite o escritor não conseguiu escrever, sequer dormir. Pela manhã, voltou à praia, procurou o jovem, uniu-se a ele e, juntos, começaram a jogar estrelas-do-mar de volta ao oceano.

• 107 •
Nó

Em uma reunião de pais numa escola de periferia, a diretora incentivava o apoio que os pais deveriam dar aos filhos. Colocava esta diretora também que os mesmos deveriam se fazer presentes para os filhos; entendia que, embora soubesse que a maioria dos pais e mães daquela comunidade trabalhassem fora, deveriam achar um tempinho para se dedicar e atender às crianças.

Ela ficou muito surpresa quando um pai se levantou e explicou, na sua maneira humilde, que ele não tinha tempo de falar com o filho nem de vê-lo durante a semana, pois quando ele saía para trabalhar era muito cedo e o filho ainda estava dormindo, e, quando voltava do trabalho, o garoto já havia deitado, porque era muito tarde. Explicou, ainda, que tinha de trabalhar assim para poder prover o sustento da sua família. Porém, ele contou também que isso o deixava angustiado por não ter tempo para o filho, mas que tentava se redimir, indo beijá-lo todas as noites quando chegava em casa e, para que o filho soubesse de sua presença, ele dava um nó na ponta do lençol que o cobria.

Isso acontecia, religiosamente, todas as noites quando ia beijá-lo. Quando este acordava e via o nó, sabia através dele que o pai havia estado ali e o havia beijado. O nó era o elo de comunicação entre eles.

Mais surpresa ainda a diretora ficou quando constatou que o filho desse pai era um dos melhores alunos da sala.

Há muitas maneiras de um pai se fazer presente, de se comunicar com o filho, e a criança percebe isso. Você já deu um nó no lençol de seu filho hoje?

• 108 •
O valor de uma hora

Um menino, com voz tímida e os olhos cheios de admiração, pergunta ao pai, quando este retorna do trabalho:

– Pai, quanto o senhor ganha por hora?

O pai, num gesto severo, responde:

– Escuta aqui, meu filho, isto nem a sua mãe sabe. Não amole, estou cansado!

Mas o filho insiste:

– Mas papai, por favor, diga, quanto o senhor ganha por hora?

A reação do pai foi menos severa e respondeu:

– Três reais por hora.

– Então, papai, o senhor poderia me emprestar um real?

O pai, cheio de ira e tratando o filho com brutalidade, respondeu:

– Então essa era a razão de querer saber quanto eu ganho? Vá dormir e não me amole mais!

Já era noite, quando o pai começou a pensar no que havia acontecido e sentiu-se culpado.

Talvez, quem sabe, o filho precisasse comprar algo. Querendo descarregar sua consciência doída, foi até o quarto do menino e, em voz baixa, perguntou:

– Filho, está dormindo?

– Não, papai! – o garoto respondeu sonolento e choroso.

– Olha, aqui está o dinheiro que me pediu: um real.

– Muito obrigado, papai! – disse o filho, levantando-se e retirando mais dois reais de uma caixinha que estava sob a cama.

– Agora já completei, papai! Tenho três reais. Poderia me vender uma hora de seu tempo?

• 109 •
O vestido azul

Num bairro pobre de uma cidade distante morava uma garotinha muito bonita. Acontece que essa menina frequentava as aulas da escolinha local no mais lamentável estado: suas roupas eram tão velhas que seu professor resolveu dar-lhe um vestido novo.

Assim raciocinou o mestre: "É uma pena que uma aluna tão encantadora venha às aulas desarrumada desse jeito. Talvez, com algum sacrifício, pudesse comprar um vestido azul para ela".

Quando a garota ganhou a roupa nova, a sua mãe não achou razoável que, com aquele traje tão bonito, a filha continuasse a ir ao colégio suja como sempre e começou a dar-lhe banho todos os dias antes da aula.

Ao fim de uma semana, disse o pai: "Mulher, você não acha uma vergonha que nossa filha, sendo tão bonita e arrumada, more num lugar como este, caindo aos pedaços? Que tal você ajeitar um pouco a casa, enquanto eu, nas horas vagas, vou dando uma pintura nas paredes, consertando a cerca, plantando um jardim?"

E assim fez o humilde casal. Até que sua casa ficou mais bonita que todas as casas da rua e os vizinhos se envergonharam e se puseram também a reformar suas residências.

Desse modo, todo o bairro melhorava a olhos vistos, quando passou um político bem impressionado e disse: "É lamentável que gente tão esforçada não receba nenhuma ajuda do governo". E dali saiu para falar com o prefeito, que autorizou a organizar uma comissão para estudar que melhoramentos eram necessários no bairro.

Dessa primeira comissão surgiram muitas outras. Hoje, por todo o país, elas ajudam os bairros pobres a se reconstruírem.

E pensar que tudo começou com um vestido azul. Não era intenção daquele professor consertar toda a rua nem criar um organismo que socorresse os bairros abandonados de todo o país. Mas ele fez o que podia. Deu a sua parte. Fez o primeiro movimento do qual se desencadeou toda aquela transformação.

É difícil reconstruir um bairro, mas é possível dar um vestido azul.

• 110 •
Rosas para mamãe

O homem estacionou em frente à loja de flores. Queria enviar algumas flores à sua mãe que vivia a 200km dali. Quando saiu do carro percebeu uma jovem menina que choramingava, sentada no meio-fio. Ele lhe perguntou o que havia de errado e ela respondeu:

– Eu queria comprar uma rosa vermelha para minha mãe. Mas eu só tenho setenta e cinco centavos e a rosa custa dois reais.

O homem sorriu e disse:

– Entre comigo. Eu lhe comprarei uma rosa.

Ele comprou a rosa para a pequena menina e enviou flores para a própria mãe. Quando estavam saindo da loja ele ofereceu carona para a menina. Ela disse:

– Sim, por favor! Você pode me levar até minha mãe.

Ela o orientou a dirigir até um cemitério onde ela colocou a rosa em uma sepultura cavada recentemente.

O homem voltou à loja de flores, cancelou a ordem de envio, apanhou um buquê e dirigiu os 200km até a casa da sua mãe.

ÍNDICE

Sumário, 7

Apresentação, 9

I – Amizade e solidariedade, 15

  1 A estação de salvamento, 17

  2 A pergunta mais importante, 18

  3 A visita de Jesus, 19

  4 Ajudando a chorar, 21

  5 Amigo, 22

  6 Amizade, 23

  7 Amor na latinha de leite, 24

  8 Amor, fartura ou sucesso?, 25

  9 Capelinha da generosidade, 27

  10 Estenda a mão, 27

  11 Fidelidade, 28

  12 Ganhe por dar, 30

  13 Irmão não pesa, 31

  14 Isto é amar o próximo, 32

  15 Maior amor, 33

  16 O presente, 35

17 Perdidos na montanha gelada, 37

18 Por que as pessoas gritam?, 38

19 Problemas & problemas, 39

20 Você é Deus?, 41

II – Criatividade e liderança, 43

21 A tartaruga, 45

22 A utilidade, 46

23 Cachorrinha criativa, 47

24 Criatividade I, 48

25 O membro isolado, 49

26 Plano B, 50

27 Uma antiga lenda..., 51

III – Domínio pessoal e poder das palavras, 53

28 A importância do perdão, 55

29 A língua, 56

30 A mais bela flor, 57

31 Carroça vazia, 59

32 Escola de anjos, 60

33 Escrever na rocha, 63

34 Filosofia de vida, 65

35 Maneira de dizer as coisas, 66

36 O cara de pau, 67

37 O lenhador e a raposa, 68

38 O monge e a prostituta, 69

39 Os lençóis, 70

40 Pobreza e riqueza, 71

41 Que tipo de pessoas vivem neste lugar?, 72

42 Sabedoria oriental, 74

43 Sob o olhar de Deus, 74

44 Verdadeira grandeza, 75

IV – Escolhas e responsabilidades, 77

45 A espada de Dâmocles, 79

46 A flor da honestidade, 81

47 A gente colhe o que planta, 83

48 A porta negra, 84

49 A raiz dos erros, 85

50 Cuida do mais importante, 86

51 Espaço em nossas vidas, 88

52 Floresça onde for plantado, 90

53 Inocentes prisioneiros, 92

54 Morte na empresa, 92

55 Naufrágio, 94

56 O amuleto, 95

57 O camelo, 96

58 O coelho e o cachorro, 96

59 O eco e a vida, 98

60 Um difícil problema, 99

61 Vá devagar, 101

V – Inclusão e respeito às diferenças, 103

62 A importância de ser você mesmo, 105

63 Burro de carga, 106

64 Cachorrinho, 109

65 Concurso de beleza, 110

66 Dois túmulos, 111

67 Escola da vida, 112

68 Marinheiro Matthew, 113

69 O velho e o neto, 114

70 Pote rachado, 115

71 Tributo à guerra, 117

VI – Perseverança e resiliência, 119

72 A árvore dos problemas, 121

73 A casa queimada, 122

74 A lenda das três árvores, 123

75 Acreditar e agir, 125

76 Anjos ambulantes, 126

77 Caminhando sobre as águas, 127

78 Cavalinho, 129

79 Decida, 130

80 Discípulo, 133

81 Ferramentas do diabo, 133

82 Fraqueza ou força?, 134

83 Jogue a vaca fora!, 136

84 Joias devolvidas, 138

85 Mudando o destino, 140

86 Muita fé, 140

87 Nada é permanente, 142

88 O ferreiro, 144

89 O peso de uma oração, 145

90 O tamanho da cruz, 146

91 Oi, Zé, 147

92 Parábola do cavalo, 149

93 Problemas a serem eliminados, 150

94 Reflexo, 151

95 Rico senhor, 151

96 Soltar as mãos, 152

97 Vale a pena perseverar, 154

VII – Professores e pais, 155

98 A criança e Deus, 157

99 Algum dia, 158

100 Amor, 160

101 Anjos, 161

102 Aproveitar cada instante, 163

103 Como você vê a vida?, 165

104 Criatividade II, 166

105 Escultura, 168

106 Estrelas-do-mar, 169

107 Nó, 170

108 O valor de uma hora, 171

109 O vestido azul, 172

110 Rosas para mamãe, 174

SÉRIE
CADERNOS DE GESTÃO
Heloísa Lück

Volume I
GESTÃO EDUCACIONAL – Uma questão paradigmática

Volume II
CONCEPÇÕES E PROCESSOS DEMOCRÁTICOS DE GESTÃO EDUCACIONAL

Volume III
A GESTÃO PARTICIPATIVA NA ESCOLA

Volume IV
LIDERANÇA EM GESTÃO ESCOLAR

Volume V
GESTÃO DA CULTURA E DO CLIMA ORGANIZACIONAL DA ESCOLA

Os **Cadernos de Gestão** foram elaborados e desenvolvidos para que diretores, supervisores, coordenadores e orientadores educacionais reflitam sobre as questões ligadas à gestão educacional e escolar, para o norteamento do seu trabalho, de forma conjunta e integrada, assim como para que profissionais responsáveis pela gestão de sistemas de ensino compreendam os processos da escola e do efeito do seu próprio trabalho sobre a dinâmica dos estabelecimentos de ensino.

CULTURAL
Administração
Antropologia
Biografias
Comunicação
Dinâmicas e Jogos
Ecologia e Meio Ambiente
Educação e Pedagogia
Filosofia
História
Letras e Literatura
Obras de referência
Política
Psicologia
Saúde e Nutrição
Serviço Social e Trabalho
Sociologia

CATEQUÉTICO PASTORAL
Catequese
- Geral
- Crisma
- Primeira Eucaristia

Pastoral
- Geral
- Sacramental
- Familiar
- Social
- Ensino Religioso Escolar

TEOLÓGICO ESPIRITUAL
Biografias
Devocionários
Espiritualidade e Mística
Espiritualidade Mariana
Franciscanismo
Autoconhecimento
Liturgia
Obras de referência
Sagrada Escritura e Livros Apócrifos

Teologia
- Bíblica
- Histórica
- Prática
- Sistemática

REVISTAS
Concilium
Estudos Bíblicos
Grande Sinal
REB (Revista Eclesiástica Brasileira)
SEDOC (Serviço de Documentação)

VOZES NOBILIS
Uma linha editorial especial, com importantes autores, alto valor agregado e qualidade superior.

VOZES DE BOLSO
Obras clássicas de Ciências Humanas em formato de bolso.

PRODUTOS SAZONAIS
Folhinha do Sagrado Coração de Jesus
Calendário de mesa do Sagrado Coração de Jesus
Agenda do Sagrado Coração de Jesus
Almanaque Santo Antônio
Agendinha
Diário Vozes
Meditações para o dia a dia
Encontro diário com Deus
Guia Litúrgico

CADASTRE-SE
www.vozes.com.br

EDITORA VOZES LTDA.
Rua Frei Luís, 100 – Centro – Cep 25689-900 – Petrópolis, RJ
Tel.: (24) 2233-9000 – Fax: (24) 2231-4676 – E-mail: vendas@vozes.com.br

UNIDADES NO BRASIL: Belo Horizonte, MG – Brasília, DF – Campinas, SP – Cuiabá, MT
Curitiba, PR – Florianópolis, SC – Fortaleza, CE – Goiânia, GO – Juiz de Fora, MG
Manaus, AM – Petrópolis, RJ – Porto Alegre, RS – Recife, PE – Rio de Janeiro, RJ
Salvador, BA – São Paulo, SP